생명시집

먼지였다가 연잎이었다가 구렁이였을

무크지 시읖

• 들어가며

'흔적을 덜 남기는 머묾'을 위해

이십여 년 전 노벨상 수상자 파울 크뤼천이 '인류세'를 새로운 지질시대로 제안했다. 현재의 지질시대를 인류세로 부르자는 것이다. 인간이 지구에 끼친 온갖 악행이 자연력에 필적할 만큼 커져 새로운 지질시대를 열 수도 있다는 뜻이다.

그가 인류세라는 용어를 처음 사용한 것은 아니지만, 오존층 파괴를 초래하는 물질을 규명한 연구로 노벨상을 받은 학자라는 점에서 그의 주장은 인류세 논쟁을 불러 일으켰다.

인류세라는 말은 몹시나 슬픈 불확실한 예측이었지만 점점 그 타당성이 입증되면서 전 지구적 파탄을 경고하고, 때로는 증언하는 단어가 되고 있다. 인류세란 용어에 동조하든 말든, 산업혁명 이후 이산화탄소의 양이 증가하기 시작했는데 대체로 학자들은 이즈음을 주목하고 있다. 그 후 인류는 양차 대전을 통해 화석연료의 엄청난 소비를 주도했고 1945년에는 핵폭탄을 실전에 투하하는 등 멈출 줄 모르는 '대가속의 파괴'를 이어가고 있다. 자연력만이 지질시대를 구획하던 것과는 달리 인류가 축적한 엄청난 지구적 파괴가 비극적 지질시대로 이어질지 모른다는 우려는 시시각각 현실로 다가오는 느낌이다.

어쨌든 현생 인류는 전 지구적 파탄을 주도하면서 지질학적인 '힘'을 인정받았다. 자연력에 대항할 수 있을 만큼의 이 '슬픈' 힘은 기후 위기로 특징 지울 수 있다.

무크지 〈시움〉에서는 이 같은 기후와 환경의 변화를 우려하고 지난해 기후 시집을 발간한 데 이어 이번에는 생명시집을 시인 61명과 함께 펴냈다.

따지고 보면 기후의 위기는 결국 생명의 위기이다. 기후 위기에 작가들이 목소리를 높이고 있는 것은 결국 이 기후 위기가 생명의 위기로 직결되기 때문이다. 지금 인간은 여섯 번째 대멸종을 위한 문을 열고 들어가려는 시점에 있는 것이다.

인류. 겨우 5만 년쯤 전에 아프리카를 빠져나와 지구 곳곳으로 번진 후 지구 최정점의 생명체로 등극했고, 최근 2백50년 동안에는 그 악행이 전 지구적인 힘으로 인정받으면서 지질시대의 한 축으로 망극하게도(?) 떠오른 동물.

지구의 나이 46억 년을 하루의 시간으로 치환했을 때 탈(脫)아프리카의 역사는 불과 1초다. 이런 갓 태어난 인간이 전 지구에 축적된 거대한 태양에너지를 18세기 산업혁명 이후 탕진하고 있는 것은 아버지의 엄청난 유산을 탕진하는 탕아와도 같은 모습이다.

그 탕아의 가장 큰 죄는 석탄과 석유 같은 화석연료의 탕진과 열대 우림 숲의 남벌이다. 또 핵을 개발했고 전 지구적인 전쟁을 통해 천문학적인 에너지를 허공에 날려버리고 있다.

이 폭주적 소비는 급격한 기후 변동을 초래하면서 지구 곳곳의 이상 기후를 상례적 일상으로 바꿔놓고 있다. 지구 온난화로 남극과 북극의 얼음이 녹고, 시베리아 영구 동토층이 붕괴되고 있으며 이상 기후가 일상화되었다. 사막이 점점 늘고 있고 폭우와 강풍, 가뭄의 빈도와 정도가 예전과는 비교할 수 없을 만큼 커졌다. 기후 난민이 급증하고 있고 하루이틀 만에 일 년치의 비가 온다는 것은 이제 뉴스도 아닌 시대다.

일례로 지난 7월 중순의 경기도 북부의 집중 호우도 '200년 빈도의 강수량'이었다는 보도가 있었다.

인류의 말기적 탕진은 지구 종말 카운트다운의 트리거를 당긴 격이다. 지속가능한 성장을 파괴한 인간 중심의 파괴는 이스터 섬의 비극이 지구 차원의 생존 문제로 확산되지 않으리라는 보장이 없다는 생각을 하게 한다.

거대한 석상으로 유명한 남태평양의 작은 섬 이스터. 이 섬의 비극에 대해 연구하던 과학자들은 이 섬에 상당히 많은 인간이 번성하였으나 어느날 갑자기 문명이 종말했다는 사실을 밝혀냈다.

이곳에 인간이 들어온 것은 대략 서기 500년쯤. 폴리네시아인들이 들어와 숲을 개간하고 농사를 짓기 시작했다. 비옥한 땅에 많은 소출이 있었고 인구는 늘어났다. 1,100년쯤에는 만 명 정도가 살며 최고의 번영기를 맞았으나 17세기 후반에 이르러 급격한 문명 붕괴로 이어졌다. 섬의 숲은 유입된 사람들의 땔감으로 대부분 사라졌고 숲이 있던 자리는 인간만을 위한 땅으로 바뀌었다. 숲이 사라지자 단기적으로는 농업생산성이 높아졌으나 장기적으로는 부엽토와 새, 곤충이 사라지면서 선순환은 차단되고 지력은 소진돼 갔다. 당연히 먹고살기 위한 전쟁이 일어났다. 거대한 석상을 둘러싼 정치적 소진까지 겹쳐 더욱 사람들은 지쳐갔고 급기야 생존을 위해 한정된 땅을 놓고 서로 싸우다 죽거나 떠나갔다. 거대한 석상만을 남겨둔 채.

결국 이스터 섬의 비극은 '지속 가능'의 교훈으로 귀결된다. 숲을 파괴하는 약탈농업으로는 지속 가능한 문명이 존립할 수 없다는 것이다. 어떤 문명이든 그것이 지속 가능하지 않다면 그 종말은 시간의 문제인 것이다. 우리는 어떤가. 지금 인간의 소비는 지속 가능한가? 재산을 탕진하는 파락호처럼 수십억 년 축적된 화석연료를 몇백 년 만에 다 파먹고 자신이 살던 지구를 기후 재앙 속으로 던져놓아 버렸지 않은가.

식물학자 호프 자런은 『나는 풍요로웠고 지구는 달라졌다』라는 책에서 2050년 대에 이르면 전 세계 생물종의 25%가 멸종할 수 있다고 경고하고 있다. 인간이 출현하기 전인 6,500만 년 전 거대 운석의 충돌로 빚어진 백악기 다섯 번째 멸종에서 생물종의 75%가 사라진 점에 비추어 볼 때 인간이라는 종 하나 때문에 이렇게 많은 생물종이 자연스레(?) 사라질 수 있다는 것은 결국 '대멸종의 대가속'이라는 말로밖에 설명할 도리가 없다.

하지만, 그래도, 아직 희망은 있다. 이제 사람들은 식물이나 곤충, 어류, 양서류, 포유류에 대해서도 눈을 뜨기 시작했다. 니들이 못 살면 우리도 살 수 없다는 평범한 자각이 일기 시작한 것이다. 온 생명의 인드라망이다. 이 지구라는 별은 현생 인간이 탕진해도 되는 곳이 아니다. 우리가 쓰고 물려주어야 자산이다. 우리는 보다 낮아져야 하고 보다 적게 흔적을 남기고 사라져야 한다. 뭇 생명의 대화엄으로 나무와 숲과 동물이 어우러지고 그 아래 한줄기 바람만으로도 행복을 느낄 수 있는 '작은 삶'을 위해 우리는 하나둘 실천해나가야 한다.
"우리는 꿈꾼 것만을 이룰 수 있다."는 무하마드 유누스(방글라데시 대안운동가)의 말을 떠올린다. 지금이라도 꿈을 꾸어야 한다. 반전을, 반핵을, 반플라스틱을 실천해야 한다. 창백하더라도 푸른 별을 더 푸르게 만들길 꿈꾸어야 한다. 최소한의 미니멀 라이프와 '흔적 덜 남기는 머묾'을 위해, 아귀같은 말기적 자본주의에 삶을 송두리째 뿌리뽑히지 않기 위해 노력하고 실천해야 한다. 일회용품을 버리고 멀리서 온 것을 멀리해야 한다. 가까이 있는 것을 먹고 사랑해야 한다. 실천없는 구호는 꿈만 같기 때문이다.

인디언 추장 시애틀의 말로 마무리한다.

―세상의 모든 것은 하나로 연결되어 있다. 대지에서 일어나는 일은 대지의 아들에게도 일어난다. 사람이 삶의 그물을 짜 나아가는 것이 아니다. 사람 역시 한 가닥의 그물에 불과하다. 따라서 그가 그물에 무슨 짓을 하든 그것은 반드시 자신에게 되돌아온다.

2024년 8월
무크지 〈시움〉 편집위원 일동

차례

004 들어가며_'흔적을 덜 남기는 머뭄'을 위해

017	춤추는 민들레	강혜성
019	겸상해요 우리	고명자
021	곡신谷神의 편지	권애숙
022	호우주의보	김도우
024	뫼비우스의 띠	김 려
026	구덩이	김미령
028	대책 없는 날	김사리
031	봄을 위한 노래	김석주
033	배불뚝이 장독의 독송	김수우
035	소란	김수원
037	그 느티나무의 품	김요아킴
039	잔디 깎기	김점미
041	식사를 했나요	김정희
042	미안하다,	김종미
044	테이크아웃 커피를 기다리는 동안	김지숙
047	도마뱀이 산다	김해경
049	호박을 잃고 나는 쓰네	김형로
050	텃밭-옥이·석이 남새밭에서	동길산
051	너무 많은 사랑이	류정희

052	구중부화口中孵化	박길숙
054	까마귀의 피는 붉다	박윤규
056	눈[眼] 11	박정애
058	과일의 잠	박종훈
060	눈사람	박춘석
063	연명	배옥주
065	날자! 레만호의 분수여	서경원
067	쇠똥구리는 은하수를 보고 길을 찾는다	서 유
069	겨울이 가고	서화성
071	호흡	석민재
073	고요 속에 파묻힌 정원	손 음
074	여름, 우포늪	신원희
076	가죽 원단	신정민
077	인공들쥐	신 진
080	매직 2200	안규봉
083	백색 어둠	안 민
085	당신의 입술 끝에서	안효희
087	그날의 짹짹	오윤경
089	솜털이었다가 떡갈나무였다가	원양희

090	도회지는 나의 근거리 위성	윤홍조
092	STROY #1046	이경욱
097	자기 조직화 개론 8-화석일기	이규열
099	세한도-폭염의 연대기	이기록
101	얼룩	임혜라
103	버드 스트라이크	장이소
106	연두	전홍준
108	에릭 요한슨의 바다	정경미
110	굿;바이	정선우
112	생명보험	정안나
114	살아가는 일-장생포	정연홍
116	릴리트	정익진
119	나무들의 아파트	정진경
121	압해 공룡알을 위하여	조민호
123	나무가 사는 법	진명주
125	나? 달팽이	차고비
127	콜센터	채수옥
130	전지剪枝	최승아
132	지팡이-걸음마	최원준

134	두메양귀비	최정란
136	마지막 춤이라고 생각하셔요	한보경
138	19퍼센트의 슬픔-공에 관하여	현 미
140	바다 새	황길엽

작품 해설

141	문명전환의 시대와 생명 시학의 출현 —무크지 〈시움〉 생명시집에 부쳐	임동확

160　약력

생명시집

먼지였다가 연잎이었다가 구렁이였을

춤추는 민들레

강혜성

꽃처럼 살고자 했으나
들판의 이름 모를 잡초가 되었어
꽃을 피우기엔
바람이 너무 혹독했지
더 낮은 자세로 겸손하게
밑으로만 파고들어
깊어진 속울음
쓰디쓴 눈물이 약이 되었어
하늘을 사랑하다
하늘을 닮은
노란 하늘꽃
바람처럼 살고 싶었지
춤추는 여인이 되고 싶었어
자유로이 떠다니는 구름처럼
홀씨를 품고
하얗게 하얗게

꿈이 되어
날아다녔어

겸상해요 우리

고명자

온단다, 몰려오고 있단다 억수비가
삽과 호미 곡괭이 들고 대치 중이다 밭고랑에서

초록은 사람보다 더 알싸하고 부드러운 살갗을 지녔기에
열무 잎사귀 다 파먹혔다
마른하늘에 날벼락

땟거리 얻으러 왔단다
청벌레, 좁은가슴잎벌레, 벼룩잎벌레… 우습잖은 꿈틀이들
입맛 쩍쩍 다셔가며 씹어대는 소리에 지구도 흔들흔들했을 거야
나무젓가락으로 대충대충 골라내기는 했으나
초록이 동색이라 배부름은 몰라도
배고픔은 서로 알아본 것이야

그래도 땅 파먹고 살던 세상이 젤로 속편했다 하는데

철철이 따먹고 캐먹고 뜯어먹고 얻어먹고 나눠먹고 이따금 한줌 훔쳐도 먹고
새끼들도 이렇게 키워 사람 만들어 놓았다는
이웃 노인의 풋것 타령에도 바람구멍 숭숭해

땀 냄새, 비 냄새, 흙 냄새로 씻겨나가는 먼지세상이 좋아
빗줄기가락에 흠뻑 취해 속살 여무는 옥수숫대
허벅지 둥둥 빗물받이들

곡신谷神의 편지

권애숙

내 오늘 버선발로 골짝을 딛고 서서 적삼 앞섶 풀어놓고 작심하여 부르노니
어쩌다 여기까지 왔노 가깝거나 먼 식솔들아

피었다 지는 일도 얼었다 녹는 일도 건너편 뒤편마저 속절없이 꺾었더냐
마라이, 미리 손 놓는 거 뒤척이는 계산 같은 거

물릴 곳 많겠다고 온몸에 단 젖꼭지들, 고픈 배 부르튼 발 뒤편까지 물려놓고
세상을 살려내는 건 엄마라는 장르잖아

골골마다 깊은 뿌리 마를 일은 없을 끼라 뒤집어 쓴 어둠 털고 울음통 터뜨리며
새 생명 오시는 기척 새벽보다 더 붉어야지

호우주의보

김도우

지난밤, 폭우에 왕벚꽃나무가 쓰러졌습니다
겨우 봉오리가 맺힌 복숭아나무는
가지째 부러져 분홍색 살점이 드러났고
여러 각도로 부는 바람은 그늘을 날려보냈습니다

얼떨결에 벤치는 복숭아나무를 끌어안고 오열하였고
은사시나무는 기우뚱거리다 찢긴
나무 속을 들이받았습니다

바다가 내려다보이는 모퉁이 밭에서는 길게 내민
마늘종 혓바닥이 꼿꼿하게 날을 세웠습니다
눈빛이 매운 마늘종은 때에 맞춰 뽑아야만
다음을 기약할 수 있습니다

마늘 대궁이 흔들릴 때마다 알싸한 향기가 퍼졌습니다
철없이 양기 오른 마늘은 밤을 억세게 휘어 감았고
양파는 타조 알처럼 하얀 배를 내밀고

여름 한차례 퍼붓는 소나기처럼 나뒹굴었습니다

폭우에 밤잠을 설친 언덕배기 돌담은 참다못해 내려앉았고
서슬 퍼런 환삼덩굴 모가지는 축 늘어졌습니다
가시를 가졌지만 속수무책으로 나동그라져
신음조차 낼 수 없었습니다
나는 식음을 전폐하고 바닥에 드러누웠습니다

악몽 같은 밤이 지났습니다
거짓말같이 쨍! 하고 나온 햇살을 따라
참새 한 무리, 포로롱 날아오릅니다

뫼비우스의 띠

김려

작은 새가
벌레를 물고 가다가
큰 새를 만났어요

그 후는 없죠,
아무런 서사가

새끼가 엄마 품에 안길 일도
새끼도

없는 것
투성이죠

이러면

너무 슬픈 얘기

시간이 흐르고
흐르면

벌레도

큰 새의 새끼,

작은 새가
되어
있겠죠

구덩이

김미령

공사장 앞 높은 가림막에는 다정한 가족이 그림 속 공원을 거닐고
물가에 목축이던 사슴은 맞은 편 토끼에게 아침인사를

나는 길을 걷다 슬그머니 가림막 뒤가 보고 싶어진다
양쪽을 오가며 저글링하는 거대한 시차의 공이 보고 싶어진다
시간을 가르는 얇은 벽 앞을 지나 모두 어딘가로 분주하게 흐르는데

모두 잠든 밤 저 구덩이에서 옛 마을이 소리 없이 떠오를 것 같다
골목의 속삭임과 눅눅한 냄새도 다 함께 떠올라 유에프오처럼 하늘로 날아갈 것 같다
도시는 도시의 몫을 하고 여름은 여름의 몫을
주머니 속 조약돌은 저수지 밑바닥의 공포를 감당하고 있을 때

비 오는 가로등 아래 한참 서 있거나 어둑한 다리 밑을 몰래 들여다본 일
　허물어진 뒤에야 생각나는 두부 가게와
　그 벽에 몰래 썼다 지운 이름

지금도 그 골목 놀이터에선 누가 누구의 그네를 밀고 어느 느릿한 손은 작은 텃밭에 뿌리를 돋우고
　창가의 무표정한 한 사람은 시 쓰느라 밤을 지새우는데

학교 마친 아이들이 우르르 가림막 앞을 지난다
　개를 데리고 나온 노인 뒤를 검은 수녀들이 나란히 지나고
　그림 안에서 가족이 나와 행인들과 뒤섞이면서 어딘가로 사라지는데

포장도 됩니다!
　아직 헐리지 않은 만두집에서 자꾸 뒤를 따라오던 목소리

대책 없는 날

김사리

마지막 겨울인 것처럼 폭설이 쏟아진다

이거 아니?
위태로운 건 눈이 하는 말을
도무지 알아들을 수 없다는 거야

발 디딜 땅 한 뼘 없이도 간절함은
코끼리 귀를 펄럭일 수 있다는 거야

폭식을 부르는 건 어디서부터 불어오는 통점일까

되돌릴 수 없는 무게가 화근이야
귀를 닫는다고 해결될 일은 하나도 없어
뿌리까지 흔드는 유혹은 공허한 다짐일 뿐

한 가지 소원을 말하자면 금식일을 늘려야 한다는 거야

그러나 대책 없이, 코끼리는 몸집을 불리고 있어

예측할 수 없는 순간
깨어나는 내 안의 코끼리들
썩 물러가라고 얼마나 밀어냈는지 몰라

잊지는 마
포만감에도 적정수준이 있다는 것을
혼자만의 지구라고 착각하지는 마

떨어지는 모과가 머리를 때렸다고
나무를 송두리째 베어버릴 순 없잖아

뒤를 돌아보지 않아도 도착하는 오늘이 있을까

줄어든 몸무게가 균열이라는 말은 궤변일 뿐,
다리가 후들거리고 있어

과오를 모르는 입이 저도 모르게
플라스틱 빨대를 집어 든다

마지막 여름인 것처럼 폭우가 쏟아진다

봄을 위한 노래

김석주

북소리 울리어라 징소리
더 높이고
등불을 밝혀 들고 짚불을
지피어라
다시 또 새봄이 오고
우리들의 세상이니

풀들아 노래하고 손 맞잡고
춤추어라
은혜의 환호소리 온 들판에
넘쳐나니
봄이다 님의 손길이
신바람을 일으키네

쇠 나팔을 울리어라 장구소리
더 높이고
제비들 돌아와서 문안인사

다정하니

아서라 시름 다 내려놓고

잔치 한판 벌여보세

배불뚝이 장독의 독송

김수우

가풀막 묵정밭에 잊힌 지 오래
올 여름에도 풀벌레들이 알을 슬었습니다
그믐께는 들고양이가 머물다 갔습니다
영도 앞바다는 여전히 수만 년 신탁神託을 낳고 있습니다
빈자리, 하나의 환環입니다

깃든 것들과 깃들 것들로 허공은 늘 완성입니다

냉이꽃이나 냉이꽃 닮은 부처님들
굴뚝새나 굴뚝새를 닮은 예수님들
발치에서 돋는 아파트들로 온몸이 자주 가렵습니다
문득 제자리에 멈출 때 하늘이 커다래지듯
빈자리, 하나의 환幻입니다

기울어진 것과 기울어질 것들로 지평선은 늘 완성입니다

실금 많고 한쪽이 헐어 삐딱한 속을

들여다보는 햇빛, 살아있으므로 들여다보입니다
신선동 샛골목은 매일 신선神仙들을 길러냅니다
기다리지 않아도 저절로 차오른 기다림으로 조금 더 기울어집니다
빈자리, 하나의 환還입니다

가난한 것과 가난해질 것들로 목숨은 늘 완성입니다

빈자리, 촘촘합니다

소란

김수원

오다 말다 한다

그런 당신을 소나기라고 우기면 나는 투명해진다

숲이 보이는 집에서
내 몸이 당신으로 넘쳐날 때까지
모든 것을 지우고, 암전

먼 길 떠난 피붙이처럼 뒤따르는 겨울처럼 혹은 애인처럼 출렁이는 밤
 이미 죽은 죽음은 쉽게 떠오르고 도대체 잡히지 않는

새벽 다섯 시

불면 속으로 새 울음 날아든다

한 마리가 울자, 울음은 순식간에 옮겨붙는다 알 수 없는

말들이 사방에서 튀어 오른다

   소란을 산란하는 숲

   매일 태어나는 기분이란 저런 걸까

   당신이 떠난 집에서
   오늘은 새처럼 말을 튼다면 눈앞이 열릴지도 몰라

   당신을 숲이라고 우기면 우리는 다섯 시로부터 멀지 않아

   소란과 함께 아침을 맞을지도

그 느티나무의 품

김요아킴

단 한 점의 그늘이 아쉬운 교정校庭에
지난 세기말, 마침내
여덟 그루의 뿌리가 대지와 내통했다

팔뚝만 한 나이테가, 일렬로
이식移植의 기억을 지워가며
조금씩 제자릴 찾으려 했다

콘크리트보다 더한 운동장의 횡포로 아이들 무릎 까이는
횟수가 더해간다는 구전口傳이 송곳처럼 날카로웠던 봄날,
지층의 어둠을 뚫고 한 모금 젖줄을 건지려는 팽팽한 몸부림이
쉽사리 너른 품으로 이어지지 않는, 그래도 버텨야 할 명분을
차례로 호명하는 세월의 으름장 앞에서

벚나무와의 서늘한 경계를 마주하며
눈치만 보던 마지막 너는, 어느새
나를 닮아가고 있었다

한참을 미치지 못하는 밑동 하나는, 벌써
자라야 할 너비만큼을 바람에 내주고
까마귀 떼 대신 한 마리의 참새로 날아올랐다

인색한 학교의 거름은 기약 없고, 여전히
아이들의 연애담과 공 차는 소릴 녹음하며
키 높일 맞추려 안간힘을 쓰는 그림자

품으로 안을 수 없는 세월의 속도에, 유독
숨 가쁜 그 여덟 번째의 그늘이
늦게 티 난다는 유전잘 끝내 붙들고 있는 중이다

잔디 깎기

김점미

지나가는 7월 하늘이 흐리고도 높은 오후
코끝에 빠져드는 풀 향기 덕에 잠시
다가오는 가을은 상추밭에 앉았고
무성하게
흐드러진 여름이 부웅부웅
느린 소음 속으로 얼굴을 감추면
벌써 선선한 바람들
하루 혹은 이틀 사이
다 자라 집을 삼켜버리니, 풀은
불안해

먼지로 날리는 풀 비린내, 오래된 그리움의 향기
덮어쓰고
단정해진 풀밭에서 내미는
빨간 토마토 두 개,
담벼락 가엔 노란 들풀 남겨둔 여름 정원
질서와 무질서의 찰나

무덤덤한 여름이 왔다갔다 하며
완두콩을 익히고 파슬리를 키우고
향기로운 시간을 붙잡아
풍성한 저녁 식탁을 차리니, 풀은
행복해

정원으로 내려앉는 불타는 하늘, 선선한 바람
붉은 포도주잔 기울이며 축복하는 여름
오래된 평온이 돌아온 집
사각사각 바람 소리 뿜어주며 묵묵히 선
여름 자작나무의
행복한 웃음소리

식사를 했나요

김정희

하고 싶은 말을 먹으면 울화가 되고
하지 않을 말을 하면 탄내 나는 누룽지가 되고
몹쓸 말을 하면 뜨거운 국밥이 되고
하는 말을 먹으면 신맛의 샐러드가 되어

새콤달콤한 말을 해 볼까요
따끈한 국으로 속을 데우는
아부는 어디로 둘까요
누구에게 하는 말인가요
사랑해요는 낮의 인사
끓는 죽 같아요

늘 이렇게 식사하나요
허기진 영혼은 무얼 먹으면 풍부해질까요

비 오는 날 아무도 찾지 않는 빈 의자를 바라보며
씨앗을 뿌린다

미안하다,

　　　　　　　　　　　　　　　김종미

아름다운 길을 만든다고 아름다운 나무들을 뽑아냈다

내가 사랑하는 바다로 가는 가로수길

후박나무 가시나무가 너무 푸르다고, 푸르기만 하다고
꽃피는 벚나무로 바꿔 심는단다

후박나무에게 가시나무에게 물어보지도 않고
면접도 없이 심사도 없이

죽은 나무도 아닌, 잘 자라고 있는 산 나무를 뽑아낸다

어제 뽑힌 튼실한 나무들이 두 눈 부릅뜨고 누워 있다
오늘 새로 심은 가냘픈 나무들이 눈을 감고 서 있다
내일은 흉흉한 소문 사람의 마음

요즘 벚나무를 보면 좀 징그럽다

개체 수가 너무 많아 인간을 닮았다
인간 냄새가 나서 자꾸 싫어지려고 한다

인간의 욕망처럼 무더기로 꽃피고 무책임하게 꽃 떨군다

귀한 벚나무가 더 이상 귀하지 않다, 미안하다

코로나가 기승을 부릴 때
먹이 사슬 피라미드 꼭대기가 너무 넓어져 삼각형도 뭣도 아니어서
나는 죽기로 결심했다

코로나 세 번 걸렸는데 죽지 않았다

테이크아웃 커피를 기다리는 동안

김지숙

아침은 이런 거구나!
높다랗게 자란 가로수 아래 노란 가게 앞에서
나는 문득 환해져서
아이스커피 두 잔을 들고 오토바이에 오르는
아저씨 양쪽 팔을 휘감은 용들도 다정해 보인다

올려다본 하늘 가득 나뭇잎들이 연초록으로 투명하게 반짝인다
곧 여름이겠구나

지구의 자전 속도는 1초에 465m, 공전 속도는 1초에 29.78km, 태양이 은하계를 공전하는 속도는 시속 792,000km, 한 바퀴 도는 데 걸리는 시간은 2억 2천 5백만 년, 이 어마어마한 소용돌이 속에서 우리는 곧 여름을 지나가겠지

나는 우주적 원자가 된 기분으로 내가 왜 너와 나무를 사랑하는지 알겠다

전쟁도 굴뚝 연기도 일사불란 움직이는 차들도 모두 잠시 멈추고
　먼 우주부터 이 세상 모든 것에 깃든
　불멸의 군주처럼
　저 연초록의 영혼과 함께 거닐 수 있다면 춤출 수 있다면
　우린 거기서 조금은 아름다울 수도 있겠다

　너는 처음 들어보는 꽃 이름처럼 도착해줄래?
　우리의 식탁엔 푸른 유리병을 둘게
　물론 그동안 그의 훌륭한 선물이었던 검은 술병과 죽은 새들의 **뼈**도
　흰 얼굴의 물거품 같은 아이처럼 우리는 실컷 웃을 수도 있겠다

　아침 구름은 회청색과 청회색 사이쯤 유유히 흐르고
　나는 이 문득의 순간을, 이 환해진 순간을
　한없이 펼쳐지는 중인 어제와 오늘과 또 내일에 걸어두겠어

우리가 나누는 이야기들은 얼마나 반짝일 거야

어쩌면 모든 문은 이미 열려있었는지도

오, 나의 아이스커피가 나왔네

도마뱀이 산다

김해경

크리스마스를 지나고 병원엘 갔다
거룩한 하나님은 어제까지의
어지러움과 숨참과 불면을 거두어 갔을 거라 믿고
시골 의사의 첫마디는 "큰 병원으로 가세요"
소도시 의사는 "대학병원으로 가셔야 합니다"
대학병원 응급실, "바로 중환자실로 옮기셔야 합니다"
-하느님, 부처님, 우주에 존재하는 모든 신들이시여!
지금부터 저는 어떻게 해야 하나요

일주일 간의 중환자실과
석 달 동안의 입원을 끝내고 살던 집이 아닌
버려둔 집으로 돌아왔다
페인트가 벗겨져 곰팡이가 만발한 외벽
허물어지고 있는 계단
옥상엔 다리가 썩어 내려앉은 평상
화분들엔 강아지풀만 무성하다
평상처럼 주저앉은 마음을 붙들려

상처놀이를 시작했다
깨어지고 엎어진 일상들을 종량제 봉투에 담고
부끄럽고 민망함은 거짓된 소란으로 채웠다

깨진 화분 사이에서 엄지만 한 도마뱀이 걸어 나온다
투명한 새끼 도마뱀이 따라 나온다
내가 버려둔 집에 도마뱀 가족이 살았나보다
온기가 사라진 집에
차가운 도마뱀의 온기가 기둥이 된
우리 집에 아직도
도마뱀이 산다

호박을 잃고 나는 쓰네*

김형로

좀 잘다 싶어 안 땄는데 그 단새 따 가버렸네요
호박 덩굴 뒤적이다 불콰한 내게
엄니 거든다
야야, 누가 먹어도 먹을 거 아니냐
훔쳐 갔다 아입니꺼 촌에도 도둑이 있다카이
그런 소리 입에 담덜 말거라 그건 도둑이 아닌 기라
엄니 무신 공자 말씀입니꺼?

먹을 거 서리는 도둑 아닌 기라 입바꿈인 기라 그냥 잘 잡숴~ 하면 그만인 기라 그게 새끼에 대한 예의지 반닥반닥 빛나던 니 새끼에 대한 예의 말다 그 정도 아꼈으몬 호박도 이쁨 받았을 게다

듣고 보니 공자 말씀!
대꾸도 못하고 그날 일기장에 적었다
호박을 잃고 공자 말씀 나는 썼네

*기형도 「빈집」에서 빌려옴.

텃밭
—옥이·석이 남새밭에서

동길산

꽃이 하나면
잎은 다섯이고 열이다
실제론 더 된다
잎 하나 떼기도 주저하는데
잎보다 다섯 배 열 배
그보다 더 귀한 꽃을
차마 어찌 떼랴
손을 대다가도 거둬들이고
손을 대다가도 거둬들이며
잎이 없으면
꽃은 또 어찌 나랴
꽃을 생각하는 만큼이나
잎을 생각하는
꽃 피는 텃밭
잎은 더 핀 텃밭

너무 많은 사랑이

류정희

떨어져 뒹구는 햇빛 아래
내가 서 있네

쓸어 모아 화분에 담아
씨앗 넣으니
푸른 싹 돋아

오소서
오소서
꽃 피는 세월

너무 많은 사랑이
매일매일 짧아지는
햇살

구중부화 口中孵化

박길숙

  밤이면 초록은 모두 증발해 버리고 짙은 어둠을 끌고 오는 바람 소리 들려요

  긴 나무다리를 건너면 만날 수 있는 떡갈나무 집
  바람이 나무문을 미는 소리에
  어항 속 시클리드는 깜짝 놀라 밤의 수조로 점프해요
  양털 이불을 뒤집어쓴 채 휘파람을 불면 입안에서 쏟아지는 작은 동그라미들
  그것은 반딧불이 같기도 하고 그것은 별똥별 같기도 한데
  잘못 깨문 혓바닥처럼, 밤을 툭 치면 나오는 비명 같기도 해요

  아주 긴 다리를 건너야 만날 수 있는 집
  동판 지붕에서 흘러내리는 빗물을 받아먹고
  다정한 모든 것들을 앞니로 물어뜯을 기세로
  불량한 당나귀가 나무다리를 건너와요
  난간을 이어 붙이던 목수가 걸어와요

저녁을 준비하던 요리사가 뒤따라와요
긴 밤을 지키던 부엉이가 자릴 잡으면
혀에서 혀로 입에서 입으로 초록에서 어둠까지
어항에서 밤하늘로 날아간 물고기들이 사랑을 나눠요
당나귀도 깊은 잠이 들고
수프 속 조금 덜 익은 버섯들이 잠꼬대해요
기지개 켜다 막을 건드리는 순한 목숨들
아침이면 입안에서 얇은 막이 터져
초록으로 흥건하게 초경을 할지 몰라요

아주 긴 다리는 조금 짧아져 떡갈나무 집이 가까워져요

까마귀의 피는 붉다

박윤규

산길 올라가는데 그 길 위에
까마귀 한 마리 납작하게 엎드려 있다
차마 떠나지 못하고
그놈 주변을 서성이는 또 한 마리
종종걸음으로 다가가더니
제 부리로 그놈을 쪼기 시작한다
어서 날자고 어서 일어나라고
우리의 지나온 시간은 뭐가 되냐고
엎드려진 주검 아래로 붉은 꽃 핀다

붉은 꽃 핀다 언덕과 골짜기에
아주 조그만 일로 그러기에
세상은 밝아지기도 하고 어둡기도 하다
날은 어둡고 눈은 흐려지고
나를 오라는 이도 가야할 곳도 없는데
피 냄새 짙은, 그러나 살아 있어야 한다
살아 있어야 세상을 볼 수 있고

그래야 피 냄새도 맡을 수 있다

까아악 울며 하늘을 이고 날아가는 까마귀
까마귀의 피는 붉다 슬픔은 둘째 문제다

눈[眼] 11

박정애

1990년 2월 14일, 61억㎞ 밖 우주공간에서
슬쩍 한 번 뒤돌아본 보이저의 눈에
눈물겹게 아름다운 청보석 초록별 하나가
수십억 년 전 티끌로 응축된 유기물인
녹두알만한 그것이 지구였다면
우리 영혼이 기거한 육신을 빈 가옥처럼 두고
천국으로 가는 사람이 뒤돌아보듯
지극한 거리에서 어느 한 경계를 건너가는
그의 눈에는 가슴 시리도록 애잔했겠다
끝이 없는 어둠으로 채워진 우주공간
홀로 떠도는 별들도 외로워 집단을 이룬
그런 은하가 대략 천억 개나 있고
노염에 불타는 용광로를 가진 태양계와
이 무한 연령의 광대무변한 우주공간에서
푸른 바다 푸른 하늘 흰 구름 양떼를 몬
생명 가득한 지구별에 살면서
특별히 우리만 존재의 행운을 누린다면

이 얼마나 염치없는 일인가
그럼에도 은밀하게 지구 동식물이
선악이 없는 화려하고 장엄한 자연계가
나의 이익과 나의 즐거움에 예외적 멸사봉공
헌신하기를 강요하는 지상낙원 지구에서
설계도면 없는 천국건설 현장은
이판사판 공사판

과일의 잠

박종훈

입하 무렵

연사흘 내리는 빗소리에

과일들은 다디단 침이 입가에 고였습니다

초량시장 초입

좌판 아지매도

하얀 스티로폼 과일 박스에 기대어

비스듬히 꿈길에 나선 모양샙니다

첫새벽 농산물 집하장에서 떼온

캄보디아라든가 어느 동남아시아

머나먼 화물선에 실려와 노곤한

아열대 과일들이 비 잠을 더욱 부추깁니다

샤워할 틈도 없이 서둘러 고향을 떠나온 탓에

남방 과일들이 풍기는 살내음에

수박이라든가 참외 딸기들이

더러 코를 돌린 채 잠든 풍경을

나의 시는 깨울 수도 지나갈 수도 없는 처지가 되었습니다

눈사람

박춘석

 눈사람이 녹을 때 옆에 있었습니다 굉장한 굉음이 들렸습니다 그는 지독하게 차갑고 오직 한 가지 색을 띠고 있었으나 해가 뜨면서 차가움과 색이 중화되어 갔습니다

 나는 새로 집을 짓기 위해 낡은 건물을 무너뜨리고 있습니다 아마도 더 나은 집에서 살게 될 것입니다

 일관되게 차가운 온도와 하얀색을 무너뜨리기는 쉽지 않았을 것입니다 지층에 닿는 무너지는 색깔이 내는 소리였을까요 차가움을 버리는 소리였을까요 궁금했지만 알게 된 사실은 내가 지금 살고 있는 집을 무너뜨리면서 귀가 조금 밝아졌다는 사실입니다 나는 그때 한 가지 실험을 하고 있었습니다 '사실'에 대한 실험이었습니다 그러나 경험하지 않고는 아무것도 단 한 줄도 기록할 수 없다는 걸 알아갔습니다 눈사람이 눈사람을 녹이지 않고는 눈사람을 떠날 수 없듯이 살고 있는 집을 무너뜨리지 않고는 좋은 집에서 살 수 없다는 것을 알아갔습니다

나는 그때 집을 부수는 현장에 있었다기보다 부서지는 집 자체였습니다

몇 차례 굉음이 지나간 후, 눈사람은 중화되어 꽃으로 환생하고 풀로 환생하고 물고기로 환생하고 그러고도 남아서 바다로 갔습니다

눈사람 안에 어떤 사람이 있는지 알 수 없었습니다 눈사람 안에 어떤 역사성이 있는지 알 수 없었습니다 역사가 시간으로 풀려나올 때에야 꽃으로 가고 바다로 가고 수증기로 갔습니다 눈사람으로 뭉쳐져 있는 동안 눈사람에게 성장의 인因이 있다는 것을 몰랐습니다

차가움에 사로잡혀 있었던 시기가 있었습니다 감정은 변하는 것이라서 지금은 눈사람을 허물고 있습니다 겨울이 올 때까지 고요히 숨죽이고 있던 사람이 눈이 오면 나타납니다만

새로운 사람입니다 허물어지기까지가 길었을 뿐 무엇이든 될 수 있어서 달라질 수 있어서 다른 무엇이 되어서 떠나고 있습니다

연명

배옥주

푸조나무가 누워 있다

검버섯 덮어쓴 수피 듬성듬성
연두 솜털 들썩인다
몇 가닥 남은 시름을
꽃이었던 때로 돌려보내는 고목

즐겨 쓰던 자음 다 버리고
모음 몇 모셔둔 물관이
캄캄한 물의 내력을 밀어 올리고 있다

옹이 눈꺼풀을 뒤집어본 나무의사가
청진기로 흐린 맥을 짚어간다
지워진 혈 자리에서 푸우 푸우후
여생을 몰아쉬는 푸조

비바람 치는 밤이면 품어주던

홍방울새 노래지빠귀 파랑새
푸우 푸우후
소진한 그늘의 안부를 물을 때
우멍한 숲 목소리로
푸우 푸우후

날자! 레만호의 분수여

서경원

너는 깊고 무거운 숨.

남은 고요마저 바람이 쓸어가고
새들은 덤불 찾아 깃을 다듬는다.

날 선 달에 베인 듯
밤새 몸 뒤척이는 호수.

부질없다.
시옹성에 감금당한 꽃들이 소리친다.
늙어버린 욕망
구원의 길은 너무 멀다.

마구 던져진 비애들 끌어모아
축포인 양 쏘아 올린다.
허공에 번지는
마지막일지도 모를 연가.

물결 위 힘없이 유영하는
핏기 잃은 별들
다시 바닥을 힘껏 밀어 올린다.

산다는 것은 거꾸로 서서 꿈꾸는
불온한 비상.
허공을 비틀며 파닥이는 저 은빛 비늘
흔들리는 달빛.

날자, 다시 또.

쇠똥구리는 은하수를 보고 길을 찾는다

서유

저것은 손가락

하나쯤은
피리 구멍 속으로

또 하나쯤은
찔러 넣은 당신의 장갑 속에서

상자 속으로 기어 들어간 것

굼벵이를 위해
프레스공 애인은 무덤을 만들고

밤마다 벽을 긁어대는 애인을 위해
나는 잠들지 못하고

내가 덮고 자는 지붕에서

손가락이 자라는 사실을 당신은
모르겠지

눈을 그리고
다리를 달고 천천히
내려가 보는 거다

한때 숲이었던 거기
푹푹 빠지는 여기, 우리가
사람이었던 흔적은

다시 곤충이 되는 수밖에

뿔 위에 앉아 울기 위해서는

겨울이 가고

서화성

유달리 지독하고 추웠던 겨울이었다
겨울은 추워야 제맛이라는 속설을 믿을 수가 없었다
바람이 얼어 있었고 나무가 얼었다
창문이 얼어 있었고 밤이 얼었다
말이 얼었다
한동안 참고 견뎌야 했던 시절,
얼어붙은 땅에서 잘 이겨내고 있었다
숨소리가 들리지 않았다
얼어 있는 것을 허락하지 않았다
답답하고 말 못하는 고통
그러는 사이 단단함을 배웠을 것이고
지독함을 알았다
땅속에서 무슨 일이 벌어지고 있을까
밝은 눈을 가진 이파리가 심장을 만들고 있겠지
손을 만들고 입을 만들고
귀를 만들어서 기회를 엿보고 있을 거야
색깔을 잃을수록 빛은 밝아지는 법

새소리를 들을 거야
잠시 꽃샘추위면 어찌하겠냐마는
단단하게 여문 머리를 불쑥 내민다면
벌써 겨울은 저만치 달아나고 없을 거야
창문을 열고 바람이 들어오겠지
따뜻한 밤이 오면
사람들은 지지배배 나무가 될 거야

호흡

석민재

코로 먹고 입으로 뱉고
말 참 쉽지요

눈 내려와
비 내려와

땅을 적셔 빵이 되고 사과가 되었는데요

나는

뭐가 되고 싶은 게 아니고
그냥 살고 싶어요

비가 어느 구름에 들어 있는지 알 수 있다면
다 멀쩡해서
탈이겠지요

모든 시작은
망하든 흥하든 내게로 돌아오는 중이고요

어쩌다 보니 제가
다음 주에 오십이 되고요

입안을 지구만치 동그랗게 만들었다가
진주 가는 길만치 길게 뺃으면

건강해진대요

그냥이 아니라 당신 앞에 앉아
오래
눈에 눈 쌓이듯 비에 비 쌓이듯

고요 속에 파묻힌 정원

손음

 빗방울은 이파리를 두드린다 비를 튕겨내는 잎사귀 섬세하게 젖어가는 흙과 수분을 만끽하는 생명체 그것을 바라보는 내 눈동자에 비쳐있을 풍경 보이지 않는 곳에서 숨을 쉬고 있을 씨앗들을 생각하면 이 생동감은 나의 몫 이 세계는 땅을 움직여 인간을 기른다 꽃이 피고 식물이 자라고 모든 것들의 동시적 전개를 느끼는 나를 지켜보고 있는 저 풍경은 누구인가 종일 비가 반짝인다 죽은 개를 파묻었다 꽃과 새는 가지에서 가지로 옮겨가며 논다 할머니는 죽어서 접시꽃이 되었고 삼촌은 고양이가 되었나 오래된 할아버지는 내 자식의 눈이 되어 있다 고요는 글썽인다 정원에는 마음먹고 돌아오는 것이 있다 그것이 무엇인지 모르겠다 고스란히 귀가 열리고 있다

여름, 우포늪

신원희

너는 폭발하는 재즈 색스폰
뜨거운 음색으로
푸른 눈빛을 변주한다

물닭이 날갯짓하는
낮은 물살에 떠밀려
나도 늪에 젖고
내 몸 몇 개의 방도 비어져
노랑어리연꽃 가시연꽃으로 피어난다

여름 한철이 익어가는
오후 세 시가 재봉틀을 돌리고
부들의 젖은 발을 꺾은
바람이 휘파람을 불며
뚝방길을 달려간다

물이 차오르는 소리에

쓰린 허기가 지는 저녁
물새들이 다시 날아오르고

익사의 기억이 떠올라
수초를 목에 감은
묵언의 얼굴을 깨우는 동안
여름은 이미 어떤 생을 사랑하고 있다

삶을 여는 우포늪이
오늘의 바람과 꽃으로 살아나
생명의 탈춤을 함께 추라 한다

가죽 원단

신정민

송아지 가죽이 얼마나 부드러운지 보여주려고 쇼 호스트가 조끼를 흔든다 차르륵 차르륵 가죽에는 단추 구멍을 내지 않지만 이번 상품은 단추를 달았다고 놀라운 기술력을 강조한다 고정된 최대 할인율 어제는 어린 양가죽이 가죽 중의 가죽이라고 보여주지 않았던가 그 무엇과도 비교될 수 없다던 원단 다시 오지 않을 기회가 거듭 돌아온다 돌고 도는 유행 사람 가죽만큼 질긴 게 또 있던가 인간의 체형을 생각하느라 죽어가는 짐승들 죽은 송아지들에게 오늘이 적립된다 둔갑한 인조가죽이라면 얼마나 좋을까 어디에 받쳐 입으면 좋을지 행거에 걸려 대기하고 있는 사람들 가죽조끼들이 오고 있다 우리는 좋아하는 것을 죽인다

인공들쥐

신진

어릴 적 우리 가족은 쥐가족과 한집에서 살았다
쥐 가족은 천장의 상부를 차지하고 있었는데
할머니께선 참아라 참나무야, 모두 한식구니라 이르셨다
그래도 우리는 작대기로 천장을 두드리며
간간이 지나친 층간소음을 항의했다

마당은 짐승들과의 공유지였다
아침저녁 참새며 산비둘기들이 깨금발 뛰기를 하다 가고
장끼 까투리 몰래 와서 콩꼬투리 볏단 들추며 입가심을 했다
한쪽에서는 암탉이 병아리 떼 모아놓고
흙 파기 조기교육에 열을 올렸다
그 한편 뽕나무 아래 방귀를 뽕뽕 뀌면서
우리 형제자매는 공기받기놀이에 빠져들었다

때로는 꿩도 닭도 산비둘기도
식구들의 허기를 때워주는 희생양이 될 때 있었다

눈이 침침하도록 기운 빠지는 날에는 쥐도 짚불구이가 되었다
결단코, 살육과 정복의 쾌감에서 목숨을 낚아챈 건 아니었다
산다는 게 그러구러 그 모양인 양하던 일이었다

길과 마당이 아스팔트와 시멘트로 포장되고
같이 살던 쥐, 마당에 오던 짐승들 기별 완전 끊기었다
그동안 우리는 닭장에 갇힌 채
사냥을 위한 흉계를 갈고 닦았다 손 안 대고 잡아먹고
주는 듯이 앗아먹는 재주를 익혔다 의리도 양심도
구워 팔고 삶아 팔고 날로 파는 재주! 얼려서 쟁여놓기도 했다

쥐도 꿩도 닭도 내남 구역 확실히 하고 사는 세상
네 것은 너의 것 내 것은 나의 것, 신사적으로 정리해두었다
내 것이 또렷할수록 나는 쪼그라들고

네 것이 분명할수록 너는 멀리 그가 되어 우리의 흔적을 지운다
  한 해 수백만의 닭과 오리가 질병 예방 차원에 산 채 묻혀갔다

  여기
  짐승들과 어울리지 않고 사람들과도 섞이지 않는 들쥐
  방이고 마당이고 가족마저 잃어버린 들쥐가 홀로 헤매고 있다
  숨통 막힌 지 오래, 한나아 둘 한나아 둘 인공호흡기에 길 들었다
  어떻게 숨을까 어디에 쟁여놓을까 와중에 타산이 바쁜 인공 들쥐
  십방에서 대끼놈 대끼놈 대나무 우짖는 소리 들린다

매직 2200

안규봉

겨울을 지우자 다른 겨울이 나타났다

차 한 대 너머 차 한 대 너머 차 한 대 끝없이 줄지어 서 있고

거리엔
생소함이나 우연을 좋아하지 않는 사람들

빡빡머리 신호등 너머
과일가게 썩은 사과 상자 너머
AI 털모자 속 비둘기 눈물 너머

반복은 서로를 알게 하고 이해하고 쓰다듬고

눈이 내리네 하면

같은 얼굴을 뒤집어 쓴 사람들이

우측통행으로 계단을 올라간다

그 계단 위로
이제 사람을 추억하며 눈이 내린다

바코드를 찍는 사람들마다 더욱 훌륭해졌다

겨울은 아름답고
질서 있게 확인되고
카페 의자는 혼자 시를 쓴다 이해가 안 되는 세상에 없는 시를

2층으로 가세요

진동 콜벨을 건네준
로봇 점원은 나를 쳐다보며 중요하지 않은 느낌 하나를 쌓듯

차곡차곡 꿀통을 쌓는다

백색 어둠

안민

  당신과 나의 지대는 마하처럼 빠르게 혹은 허무처럼 느리게 흘렀다 출구를 찾기 위해 문을 여는 곳마다 거미줄 뒤엉킨 지대였다 까닭에 시간은 촛농처럼 녹아내렸다 후회를 건네받을 수 있다면 누구에게든 심장을 꺼내주려 했다

  아직도 미로를 여행하고 있구나
  흰 눈을 수집하다 겨울이 제 눈동자를 닫으면 어디로 갈 거니

  식물들 입술은 냉정하고 건조했다 그러나 나는 여전히 당신 곁이었고 면회 중이었다 뒤척이다 새벽 네 시에 일어났고 여덟 시부터 졸아야 했다 아홉 시에 깨어났고 오 분 뒤부터 꿈을 꾸었다 그러면서 나는 계속 태어나는 중이었다 세계世系 밖으로 밀려가는 백색을 온몸으로 외면했는데

  오늘 밤 허공에선 눈 대신 흙비가 내린다 이제 당신은 없다

그런데 당신은 여전히 창백하고 무겁고 짧은 문장만을 타전한다 시린 풍경의 끝이 정적을 단절 시킨다

그림자를 오래 품었지만 농도는 여전히 낯설고

당신의 입술 끝에서

안효희

의지를 버린 채, 들것에 실리는 자가 있다

그는 내가 아는 가장 낮은 곳으로, 내가 모르는 가장 깊은 곳으로 떠난다 떠나고 남은 것은 비명 여전히 베개를 베고 눕는다

더 이상 내가 할 수 있는 일은 없어…

변명은 바깥을 향한 생각을 잠근다 하늘을 닫고 물 위를 걸어가는 여자를 생각한다 그것은 비밀스러운 고독, 오래된 여자의 방식, 방안에는 아직 여자의 여자로 가득한데…

갈라터진 당신의 입술 끝에서 내 이름이 마멸되는 것을, 당신을 향한 사랑이 몰락과 멸망의 가운데로 떨어지는 것을, 사방이 막힌 작은 방에서 눈이 퇴화되고 울음이 퇴화되는 것을, 나는 볼 수 있다

그림자 없는 어깨와 흔들리는 팔다리를 데리고 걸어간다 겨울 하늘에 핀 고드름이 발등을 찍는다 소용돌이치는 언덕을 내려가는 긴 달빛

그날의 짹짹

오윤경

모르겠다 왜 짹짹이었는지 짹, 하고 꺼져버렸어도 좋았을 텐데 그냥 한 번 더 짹, 하고 싶었던 이유 그날따라 천장이 조금 덜 높아 보였고 바닥이 요만큼 더 가까웠는지 천장이 내려와 어깨를 누르고 바닥이 어디만큼 멀어져 닿을 수 없었는지 그래 모르겠다 알 듯도 하고 말 듯도 한 헷갈림 그것만 두고 쏘옥 빠져버린 알맹이 윤곽처럼 남아 헤매는 그 사라진 알맹이는 어디로 갔나 같은 시간을 저질러 놓고 같은 죄로 묶이지도 못하는 우리는

짹, 축구공보다 먼저 숏을 날리는 절망에게 짹, 서둘러 활강하는 침묵 속, 누군가 왜 짹짹짹은 아니냐고 묻는다면 그렇게 또 한 번 짹,

어느 날엔 예정된 그날의 일들이 다 이루어지고 나서야 해가 졌다

나를 참새라고 부르는 참새를 보며 구경했다 전깃줄에 올라

타 오래 흔들어 보던 세계를 놓아주었다 송전탑 위로 낮게 걸리던 달 자주 찾아오던 짹짹만큼의 하늘과 짹, 소리에 더운 김을 내뿜던 골목처럼 그날은 어디까지 갔다가 돌아오지 않았다 짹, 나란히 꺾여진 날개 짹, 맘을 몸으로 끌어 덮느라 짹짹, 누군가 대신 꾸는 꿈 곁으로 노을을 씻고 바닥을 훔치고 나를 받아든 전부 들어간다 아니라고 했지만 항상 투명한 날이 될 순 없으니 이런 세계는 번번이 무너지지만 기어코 짹

솜털이었다가 떡갈나무였다가

원양희

 돌확 속 가시연 봉오리가 열릴 듯 말 듯 떨립니다 온 우주가 저 꽃잎만 바라보는 것 같습니다 어디서 왔는지 모를 바람이 부드럽게 뺨을 스칩니다 말갛고 투명한 시간 고요히 찻물이 끓어오르고 절 마당엔 한바탕 소나기가 지나갑니다 진하게 올라오는 흙내음을 맡으며 한동안 그대로 향기가 됩니다 갑작스레 빗줄기를 맞았을 무수한 꽃잎들 이파리들 땅속 생명들을 생각합니다 어쩐지 두근거리는 마음이 생겨납니다 아름다움은 앓은 다음 오는 걸까요 모든 아름다움이 어디에서 오는지 알 것도 같습니다 내 안에 당신 안에 모든 것 안에 살아있는 천 개의 목소리가 들려올 듯합니다 천 개의 설렘으로 다가옵니다

 먼지였다가 연잎이었다가 구렁이였을

도회지는 나의 근거리 위성

윤홍조

도회지의 위성인 이곳은
언제 봐도 노인들 젊은이들 아이들 넘쳐난다
남녀노소가 골고루 복닥복닥 잘도 사는 곳
한마디로 말하면 사람냄새 퐁퐁 풍기는
사람 맛 나는, 사람 사는 동네다
덜 입고 덜 먹고 덜 가진 사람들이
오순도순 고만고만 아웅다웅 사는 곳

창 열면 막막한 도심의 뒷등이 아니라
서로를 차갑게 외면하는 벽면이 아니라
사방이 창이 되어 활짝 나를 열어젖히는 곳
집밖 몇 걸음만 나서면 산나물 들나물이 한창인
임수는 아니라도 배산인 이곳에서 일 년을 살고 나자
도회에서 얻은 콧병 알러지가 사라지고
춘 새벽마다 쏟던 그의 천식기침이 사라지고

욕망도 조금, 기쁨도 조금, 조금조금 덜다 보니

너나없이 조근조근 알뜰살뜰 조용히 살다보니
삶이 자연히 자연에 가까워져 자연을 사는
퇴역한 삶의 구부정한 등 주름진 손들이
우리의 아이들 신생의 어여쁜 자식들을
다함께 어루고 달래며 보듬어 사는 곳,
도회에서 정 떨어져 퉤퉤 도망치듯 들어와 그러나
한번 정들면 도대체가 떠나지 않고 눌러 살아가는
있는 것은 다 있고 없는 것은 없는
적게 먹고 적게 싸는 정직한 삶이 모토인 사람들,

처음 들어와 물과 기름같이 낯설고 물설어
한가득 터뜨리던 불평과 불만이 어느새
마음 하나 가득 부끄러움 되어 도리어
살과 피가 되어 나를 푸르게 먹여 살리는 곳,
삶의 중심인 이곳에서 사람들은 매일
근거리 위성인 도회지로 출퇴근한다

STROY #1046

이경욱

1

태엽 같은 노인이 있었다.

같은 방향의 가르마를 타고
같은 시간의 버스를 타고
같은 복장으로 커피믹스를 타서 마시고
같은 인사말로 받아주지 않는 경례를 했다.

어제와 같은 오늘이라는 무게는 이상하리 만큼 힘겹다. 우중충한 날씨 탓이라 여기며 겨우 짊어진 오늘을 앙상한 다리로 버텼지만 계속 후들거렸다. 휘청이는 무릎을 팔로 버티며 숨을 고른다. 주책없이 감정이란 낡은 압력 밸브가 붉은 창에서 넘어서려 한다. 경고창을 넘어서는 오늘의 무게에 눈이 아득해진다. 아득해진 눈시울로 내려본 부서진 돌멩이 하나가 낯이 익다.

2

 서러운 아이가 자그만 바위에 파묻혀 울고 있었다.

 바위의 품속에 아이의 눈물이 닿자, 바위가 아이의 등을 가만히 쓰다듬었다.
 투박한 온기에 아이는 서러움을 낙서질하고 있었다.
 울음의 변곡점이 지나자
 기진한 아이는 바위 품에 잠이 들었다.

 아이를 누군가 흔들어 깨웠다.
 검은 옷을 입은 창백한 은하수를 보고 놀라 집으로 뛰어갔다.
 뛰다가 바위에 한 일이 생각나 아이는 뒤돌아보았다.
 하지만, 아직도 따라오는 은하수를 보고 기겁하며 다시 뛰어갔다.

아이는 울음이 휘몰아칠 때마다 쇠꼬챙이 하나 들고 가서 바위에 헤집어 놓고
그때마다 바위는 품에 가만히 안아주었다.
아이는 집으로 갈 때가 되면 흔적을 다시 한번 흘깃 바위를 보고는 다시 뛰어갔다.

아이가 바위에 새겨놓은 흔적에 이끼가 생겼다.
안아 줄 수 있는 바위의 품은 넉넉했다.
이끼가 단단했던 바위의 틈을 조금씩 깊이 만들었다.

풍랑이 심하던 어느 날,
온몸에 멍이 든 아이는 바위에 거친 원망과 울분을 모두 그려놓고 멀리 떠나갔다.

풍랑 뒤 바위는 틈에 비가 고이더니, 며칠 뒤 씨앗이 바람을 타고 날아왔다.
씨앗은 점점 자라더니 바위를 감싸는 담쟁이가 되었다.

담쟁이가 커갈수록 바위 살을 파고들었다.
여러 계절이 차고 기울면서 담쟁이 넝쿨은 굵어졌다.
바위를 갉아먹는 담쟁이는 무성해졌다.

굵은 담쟁이가 뒤덮은 계절에 안전모를 쓴 사람이 바위에 붉은 선을 그리고 갔다.

며칠 뒤, 담쟁이와 함께 바위는 굴착기로 인해 바스러졌다.

3

눈시울이 아득해진 아이의 눈에 낯설어 보이지 않는 돌멩이 하나 맺혔다.
세월만큼 굽어진 허리를 억지로 펴며 작은 돌멩이를 바라보았다.
오랜 흔적을 닮은 돌멩이에서 오래된 온기가 손끝으로 전해졌다.

가슴에 낡은 밸브가 터지며 쏟아지는 눈물의 궤적

노쇠해 버린 아이의 몸에 그리움이 저승꽃으로 새겨졌다.

자기 조직화 개론 8
―화석일기

이규열

가을이 오자 세월은 멈추었고
겨울이 왔는데도 멈춘 세월은 움직이지 않았다
지난 세월 속에 언제나 그랬듯이
끈질김이 다양함을 이길 수 있다고
스스로 세뇌하며 세월을 달래보지만
볼 수 있는 것만 보아왔고
들을 수 있는 것만 들어왔고
말할 수 있는 것만 말해왔던
인내와 관습의 지난 세월은 이제 더 이상
아무 소용없는 세상이 되었다
세상은 바뀌었는데도 일상은 바뀌지 않으니
계절이 바뀌어도 세월은 동요하지 않았다
아이는 크지 않았고 어른은 늙지 않았고
모두 조금씩 조금씩 굳어만 가고 있었다
아이와 어른의 구분이 없어지고
모든 어제는 모든 내일과 동의어가 되어가니
봄이 와도 사랑은 새롭지 않았고

여름이 와도 생명은 신성하지 않았다
바쁘게 움직이는 것일수록
굳어가는 속도로 빨라져 갔고
세상 전체가 화석이 되어가는데도
우리만 모른 채 이렇게 외쳤다
'와 세상은 너무 빨리 변해 가는구나'
봄이 오니 일상이 멈추었고
여름이 가는데도 가을은 오지 않았다

세한도
―폭염의 연대기

이기록

양치식물이 번성하던 시절을 꿈꾸는가

뱃속에 묻어놓은 가스를 뿜어내는 날
목덜미를 뜯기는 기억으로
숨겨놓은 비밀이 우르르 몰려나와
살아도 살지 않는 유령과 같은 종으로
불투명한 눈길을
모르는 채 걸어간다

툰드라의 느긋한 식욕에 펄럭이는 기후
평온하던 이끼들이
시베리아의 잠자는 곰을 깨워놓으면
선들은 끊어지고 발자국은 희미해질 거다

아직은 숨을 쉬는
비석만 남을 아리마스*의 수목한계선
예언의 믿음은 미움과 분노

불안이 영역을 사르고 있다
모든 살아있는 것은 종교가 되고
사라진 순록의 죽음도 신화가 되는

도무지 마음에 드는 장면이 없었으므로
언제까지고 버티길

*지구상에서 나무가 자라는 가장 북쪽 지역.

얼룩

임헤라

검은 오토바이가 달려왔어
고양이가 달려갔어

골목 틈새에
얼룩덜룩한 무늬를 둥글게 말던 고양이

눈앞에서 목걸이 하나 흩어졌어
얼룩이 산산이 부서졌지

조각난 무늬와 깨진 구슬들
해바라기가 자지러지고
우으으—
금 간 구슬의 비명

길에 핀 꽃들이
며칠이 지나서도 꼬리를 흔들고

길고양이 얼룩은 간데없고
얼룩들만 남아 있어

수십 개의 무늬가 공중에 떠있어

버드 스트라이크

장이소

이것은 초대의 방식
어떤 초대장은 거부할 수 없는 식탁에 있어

겨드랑이를 숨기고 손짓한다

우물이구나
접시에 담긴

부리가 병을 물었을까

지푸라기를 물어다
저녁을 게우는 새

그릇을 굽기 위해 노을이 된다

그러므로 붉은 것은
붉은 것을 알지 못하는 새에게 바쳐야 마땅하다

오래전부터 여우의 굴뚝을 닦았다

미처 빠져나오지 못한 것은
아궁이가 되거나 아궁이를 태워야 하므로

막 이륙하려던 새가 블랙홀로 빨려든다
어떤 눈은 아무 말도 통과하지 못하는

비행이다
어디로 이어진 통로일까

지독한 밤은 고속도로를 달리고
빛을 좇아 몸을 던지는 날벌레들

점 속에서 시야를 잃으며
화면을 키운다

홀-인
문자가 전송되고 있다

연두

전홍준

연두는 생후 8개월 된
포메라니안과 스피츠의 잡종
내가 키우는 개 이름이라네

수컷 이름치고는 오글거리지만
생명들 꿈틀대는 4월에 입양했다고
연두란 달달한 이름표를 달아주었네

개라는 말만 들어도 미간을 찌푸렸던 내가
아침이면 똥오줌 치우고
종일 청소기를 잡고 살아도
흑요석 같은 눈으로 뽀뽀하자고
조르는 녀석에게
무장해제되고 만다네

사십여 년 부대껴서 석회질로 푸석거리는
부부관계에 윤활제로 입양된 녀석

데리고 올 때는 개였는데
재롱부리는 연두는 생명이었네
잃어버린 웃음을 찾아준
늦둥이 자식이었네

에릭 요한슨의 바다

정경미

십일월 초하루 자정이 멈춰서고
조리개 가득 밀물이 차오르면
볼록렌즈 안에서
거대한 주상절리 하나
암실 속으로 사라진다

북극성이 얼굴을 내밀면
굴삭기가 바다를 퍼 나른다
어둠은 썰물의 속도로 떠내려가고
파도를 건져 올린 노을은
다랑어 떼 비명을 자르며
수평선을 횡단한다
섬들이 산 중턱에 뿌리를 내리면
낮달이 지평선을 밀며 오고
사내의 어깨 위로 별똥별이 떨어진다
드디어
섬들의 공화국이 탄생되면

바다는 산마루에서 머리를 푼다

그대는 나침반 없이
파도의 사계를 복원 중이다

굿;바이

정선우

두려운가
아무것도 묻지 않는다는 것

버드나무 한 잎 띄워 보낸 강가에서
슬픔보다 슬픈 것을 찾아다녔다

떠날 때 인사와 만날 때 인사가 같은, 안녕
이란 글자엔 검지로 꾹 눌러놓은
양쪽 보조개에 담긴 웃음이 다 말라버린

가을벌레 소리가 창문을 타고 넘어오면
숙제를 끝낼 시간이라고 생각할 때
아름다운 시인의 부고를 듣고

친구 따라 문상 왔다
점심때 국밥을 먹었는데
연거푸 먹게 될 줄 몰랐다

상갓집 국밥은
생과 사의 극점 같아
서둘지 않는 마음으로

아무도 모르게 혼자 왔던 사람
조용히 지나가는 사람

아주 천천히 돌아가는 흑백 필름 영상처럼
사람들이 사람들을 스쳐 가고
하얀 꽃이 만발한 들판은 어디로 향하고 있는지

절벽이 가파른 바닷가에 가방을 놓아두고
흰 갈매기가 날아가듯
바람을 타고 날아가는 안녕, 안녕들

생명보험

정안나

연못은 이끼 방지용 약제에 들었다
아이 손에서 물장난하는 약제

어제는 집집마다 약을 들었다
오늘은 화단마다 5층까지 약에 들었다
충분한 거리를 두고 큰
안개의 약제 속으로

녹음의 개구리 소리
녹음의 나무 껴안은 매미소리
선물의 소리가 악착 같은 악으로 들려온다

두려움을 한 움큼씩 먹고
도난당하고 잊은 선물을 찾아 헤매는

산의 발걸음
강의 발걸음

손 내미는 나무병원 연못병원 앞
정신건강과 의원에서 한 움큼씩 지키는 생명
발걸음은 멈춰도 한 움큼은 멈춰지지 않아
그러려니 따라다닌다

기생충은 뛰어다녔는데
기생충도 사랑받는 생명이었는데

살아가는 일
—장생포

정연홍

아무 모르는 곳에서 아무 일 없다는 듯
꽃들이 피고 떨어져 양식이 되고

잡목들이 자라 뿌리내리면 어떤
가지는 숲의 공간이 되고
어떤 나무는 이미 그곳에 없다

바다에서도 어떤 먼지는 아무 모르게 자라
고래가 되고 아무 일 없다는 듯
돌핀킥을 찬다

돌핀킥을 차본 지
언제인지 기억나지 않는다

차가운 북극의 해류와 지중 해류를 찾아
먼 길을 떠돌기만 했을 뿐

그래도 어딘가에선 누군간 다시
발을 모으는 중이고 누군간
물살을 가르며 먼 바다로 나아가는 중이다

릴리트

정익진

릴리트*, 수컷 없이 새끼를 낳는다는 암컷 상어의 이름이다.
부조리한 섭생으로 몸의 생리가 뒤바뀐 일종의 돌연변이,

물의 온도를 맞춰가며
그 집에서 키웠던 악어 새끼의 이름은 무엇이었을까.

연어가 강물을 거슬러 올라 부화하듯
릴리트는 파리의 센강 아래까지
유유히 숨어들어 이미 둥지를 틀었다. 위험 수위 최상이다.

유람선과 보트가 떠다니는 한강 아래에 거대 식인 상어가 나타났다면
  낙동강과 다대포가 만나는 그 지점에 상어 떼가 출몰한다면
  우린 강의 낭만과 서정을 노래한다거나 추억을 되새김하지 못하리

  독일의 사회학자 아도르노, 그가 아우슈비츠 이후 서정시를

쓴다는 일이
  야만이라고 말한 것은 한반도의 일곱 배 이상, 무게 약 팔만 톤의
  쓰레기 섬들이 둥둥 떠다니는 이 사태를 예견한 것이리라

  쓰레기 더미에 뒤섞여 살과 뼈를 가진 동물들의 사체가 부유하고
  그것을 파먹고, 뜯어먹는 피라니아와 같은 물고기 떼와 청상아리들,

  핏물이 먹구름처럼 퍼져가는 바다,

  인어와 세이렌의 노래도 더 이상 들려오지 않는다.

  릴리트는 바다의 여신, 그녀가 대자연의 질서를 거역하지 않는
  모계母系라면 달무리를 향해 꼬리를 칠 때마다

방울지는 물방울에서 생명체 하나씩 탄생할 것이다.

릴리트, 릴리트, 부디 너의 바다로 무사히 되돌아갈 수 있기를

*영화 〈센강 아래Under Paris, 2024〉에 등장하는 상어의 이름.

나무들의 아파트

정진경

장애를 생산량으로 연결하는 사람들
창의력은 참으로 기발하다

자유로운 기운을 전지하면
수확이 쉽고 열매가 잘 열린다는 낭설이
초현실주의 풍경으로 만들어지는 과수원에 떠돌아다닌다
사람이 그어놓은 철사줄 통제선을 따라
스스로를 옭아매며 자라고 있는 가지들
극도로 장애를 앓는 사과나무 몸들은
엘리트주의 발상이 낳은 팝아트
생명의 기운을 재배치한 농법 때문이다

과수원에 팝아트 거장 앤디 워홀이 환생한다

추상화로 그려지는 과수원 한켠에서
아파트형 양계장 닭들이 일어서다 앉는다
열매를 키우는 기계로 전락해버린

나무들도 이제는 아파트에 산다

추락하다 거미줄에 걸려든 사과 꽃들이
아파트 난간을 활강하는 자유로운 거미를 본다
소복하게 앉아 죽음을 기다리는 꽃들

사람의 강철 신념을 휘어놓는다

압해 공룡알을 위하여

조민호

자동차는 압해대교를 지날 때마다
부글거리는 라디에이터 소리를 게우고 있다
대교가 없을 땐 목포 뒷개에서 압해로 들어가는
여객선이 요란한 엔진소리를 뻘밭에 숨겨 둔다
물 위에서 조는 배를 바닷물이 길을 열어주고
불어오는 바람은 파도와 벗하며 여객선을 희롱한다
신장뱃머리에 다다라 배는 몸무게를 가볍게 한다
그대는 압해도 뻘밭은 쥐라기와 백악기의 지층으로
신안의 넓은 운동장을 느리게 혹은 사냥을 하듯, 달리는
공룡의 발자국이 찍혀 있다고, 머리를 길게 내밀어 공룡의
머리로 만들며 풀잎 같은 혀를 날름거리며 말했지
언어의 알이 허공에 날면 언어는 점점 더 커져
검은 여인의 곡선이 있는 뻘땅 속에 숨는다고 말했지
잊히지 않는 말을 추억하며 압해대교를 지날 때마다
자꾸만 티라노사우루스공룡을 제거해도… 내 뒤를 추격해
온다
더 빨리 영산강을 지나 반도의 끝자락으로 달리면

해남 우황리 공룡박물관의 조바리아 입속으로 빨려 든다
나의 목적지 부산까지 공룡의 발자국은 고흥반도와
순천 여수 남해와 고성까지 더 많은 공룡의 흔적과
퇴석층의 놀이터를 보여주며 같이 놀자고 한다
압해대교를 지날 때마다 지금도 깨어나지 못한 공룡이
꿈틀거리며 천지가 흑암에 덮칠 때 폭풍우가 치는 밤에
깊은 잠에서 깨어나 세찬 파도와 함께 옛 놀이터를
달리는 타르보사우르스 너를 기다린다

나무가 사는 법

진명주

　500년 된 회화나무가 불탔다 재개발 정비 사업에 밀려 타지로 갔다가 줄지은 민원으로 3년 만에 다시 근처 공원 모시던 중 화상을 당하신 게다 기세 좋던 가지 가느라 잘리고 오느라 마저 잘려 둥치만 남은 몸 칭칭 붕대 감은 모습은 입관 전 아버지의 몸을 보는 듯 처연하다 타관살이 전전하며 탁배기잔만한 금의환향 희망 놓지 않던 아버지 노쇠한 기억 끝 팔랑거리는 주민등록 초본 이력은 이주의 설움을 알리는 것 같은데 무작스레 손발 잘려 길 떠났다 돌아온 나무의 마음은 덮어쓴 화기는 누구라 이해한다 할 수 있으랴 소식 듣자 사력 달해 달려온 바람이 나무의 화기를 식힌다 밤새 물수건 갈아대려 비바람도 다녀갔다 해금 울림통에 수건을 틀어막으면 소리가 밖으로 덜 새는데 나무는 몸 어디 수건을 틀어막고 고통의 시간을 견디었을까 잠이 오지 않는 날은 오랜 세월 들이마신 바람과 잎사귀마다 내려앉던 햇살을 떠올린다 진눈깨비 천둥번개 몰려와 다행이다 다행이다 상처를 어루만지다 돌아가는 걸 물끄러미 바라보는 날도 있다 가지 하나 남기지 않은 나무의 마디를 만들려고 뭇 새들은 오늘도 가는 다리로 줄달음질

치고 화득거리는 땅기운을 벗어나려 굼벵이는 불철주야 몸을 키운다 나무 그늘 자리 수백수천 시들지 않는 유리잎을 팔랑거리며 콘크리트 숲은 푸르게 깊어간다 나무는 백수를 앞둔 노모처럼 한자리 앉아 지나는 것들을 바라보는 것으로 남은 생을 보낸다 가끔 어디 싹이라도 나려나? 근지러운 몸을 긁적이는 것이 유일한 움직임이다

나? 달팽이

차고비

천천히 와서 순식간에 흘러가 버린 발 없는 사랑아
달빛을 머금은 너의 둥근 몸에는 슬픈 부정어 따윈 없었다

잠을 자고 일어나보니 밤새 밀고 밀어 납작해진 몸뚱이로
어둠에 젖은 공터를 기어간다 무심한 나 한 마리가 비틀린
세계로 미끄러지듯 꺼져간다 투명한 살 속에 품은 된소리들
설움 깊은 초록의 혀들로 가냘가냘 기어간다 나 한 마리다

느린 생에는 상스러움이 없다 예리함에 베이는 일도 한
움큼의 우울도 살기殺氣도 없다 밝아서 틈인 너와 잃어서 틈인
나 사이 신의 가슴이 뼈개진 흔적들 나는 스스로를 핥으며
기어간다 목을 길게 빼고서 잘릴 듯 잘려진 듯

나는 본디 달팽이였고 달팽이가 삼킨 풀잎이었고 풀잎이
간지럽히던 흙이었고 흙에 안겨있던 무심無心이었다 땅의 발
치에서 느리지만 멈춤 없이 속도 아닌 쪽으로 욕심 아닌 쪽으로

삶은 고작 1g의 무게, 수많은 이빨로 서로의 얼굴을 물어뜯지 않는 천품天稟의 결, 바람이 불어도 대롱대롱 고상한 점액질에 기대어 그저 흔들리고 떠다니는 세상 가장 작은 우주, 달팽이의 가슴에는 땅의 시간을 역행하는 주문은 없었다

고적한 생명 하나가 나를 떠난 날, 정수리에 박힌 못을 뽑고 천천하게 땅에 누워 더듬이로 기어갔다 잘 있다 갑니다-라는 말을 남기고 떠날 수 있게

콜센터

채수옥

고객님 무엇을 도와드릴까요

미안하지만 창포 연못을 조회해 줄 수 있나요

연못에 무슨 일이라도 있나요

스무 송이의 각시수련이 7월이 다 지나도록

꽃문을 열지 않네요

고객님 잠시만 기다려 주시겠어요 정보 확인 중입니다

아 고객님

비닐봉지처럼 썩지 않는 마음들이 꽃의 발목을 잡고

조금씩 연체되는 온도로 연못이 뜨거워지고 있답니다

발목 꺾인 각시수련*들은 숨이 막히고

곧 파산 위기에 놓일 것으로 나옵니다

어떻게 하면 될까요

일단 연못을 향해 함부로 내던지던

쓰레기 같은 마음들을 분리수거함으로 이체해 주시고

매월 1도씩 서늘한 온도를 납입해 주시면

각시수련은 조금씩 정상화될 수 있습니다

더 궁금하신 것은 없으신가요

지금까지 지구 위기 콜센터 김꽃분이었습니다

행복한 하루되세요

*멸종위기 야생식물 2급으로 지정.

전지剪枝

최승아

곁가지를 쳐내는 일은 피를 보는 일이다

수족을 자를 때처럼 간혹,
나무는 비명 한번 지르지 못하고 피를 흘린다

초록커튼을 드리운, 어디를 잘라야 할지 모르는
여름은 잠시 보류하기로 한다

화단은 방금 이발한 아이, 장발을 걷어내자
불거진 발가락마다 생살을 앓는데

정원사는 뽀얀 유즙이 솟구치는 가지를
안색하나 변하지 않고 날렵하게 잘라낸다

피 한 방울 튀기지 않고도 생선을 토막내는
일식요리사의 도마 위에서 함박눈이 휘날린다

숙련된 엽사일수록 총에 맞은 멧돼지의 고통은
최대한 빠르게 잘라낼 줄 안다

잘려나간 자리마다 번지는,
초록의 냄새는 나무의 비명이다

가위를 쥔 손이 부들부들 떨고 있다

지팡이
—걸음마

최원준

졸망졸망 따릅니다
오래전 왔던 길
같은 발길로 뒤따릅니다
무엇이 좋은지 해죽해죽
뒤뚱뒤뚱 바라보며
따라 걷습니다
그들이 오는 길
조심스레 살피며
다사로운 길 아름다운 길
가려가며 걸어야겠습니다

그런데 아닙니다
그렇게 가는 길
내가 먼저 앞서갈 뿐
그들이 뒤에서 알려줍니다
자그마한 손가락으로
멀리 한 점 가리킬 때

새로운 길 하나 생겨납니다
그들이 가는 길
내가 이끄는 게 아닙니다
그들이 나를 데리고
더불어 가는 길입니다

두메양귀비

최정란

지금쯤 핀다는 칠월을 따라나서요

심양으로 연변으로 용정으로 백화림으로
가까운 길 멀리 돌고 돌아요
북서 사면 올라가는 이 지프를 타면 마침내
그 얼굴 볼 수 있대요

지프가 고산지대 비탈길 모퉁이를 돌 때마다
산앵속 쌍자엽 소문이 짐짝처럼 흔들려요
고양이 혓바닥 같은 얇은 꽃잎
사진신부를 기다리던 신랑처럼
사진으로만 본 얼굴에 취했을까요
꽃멀미가 나요

이 산중턱에 자라는 2년생 초본,
높이 5~10cm
고통을 잠재우는 두메아편꽃,

고운 얼굴 한 번 보고 싶을 뿐인데, 호동그레
눈 뜬 꽃잎과 눈 한 번 맞추고 싶을 뿐인데

너무 늦게 왔다고 토라졌을까요
뿌리 속 깊이 수줍은 얼굴을 숨겼을까요
꽃은 보이지 않고
느닷없는 민둥산 수목한계선이 달려들어요

비춰 보일 면목이 없어서일까요
흐린 거울 하나 산정에 던져두고
촘촘한 안개의 국경이 완강하게 막아서요

마지막 춤이라고 생각하셔요

한보경

머리도 꼬리도 없는 단도직입입니다
날개를 단, 마지막 춤이라고 생각하셔요

도로 건너 마른 풀숲에서
검은 드레스자락을 끌고 바람이 불어옵니다

마른 풀들은 일제히 허리를 숙이고 등을 내어 줍니다
바람은 풀등을 타고 천천히 길을 건너옵니다

마지막 춤이라고 생각할게요
댄스, 댄스, 댄스, 위드 유,

끝나지 않은 멈춤을 끝내기 위해 함께 마지막 춤을 춥시다

풀등에 올라탄 바람과 함께
머리도 꼬리도 다 날려 보낸 부서진 날개가
마지막 춤을 춥니다

멈출 수 없는 춤 앞에서 간절한 애도는 어울리지 않습니다

슬픔은 간결해야 더 아름답습니다

기립의 박수는 없어도 됩니다

마지막 춤이라고만 생각하셔요

19퍼센트의 슬픔[*]
―공에 관하여

현미

가벼운 세계를 든다
가벼운 세계가 마음에 든다

지구를 떠나 생의 이면을 떠나
어디로든 나아가는 빛, 흑암의 속도로
어디서든 발길질하는 빛
툭툭 무겁게 굴러가는 빛

어디로든 정착하고 싶은 검은 무늬 날개
그물망
높이 날아가
바깥이 되고 싶은 얼굴

어떤 욕은 칭찬 같고 어떤 말은 저주 같아
바닥에 자주 떨어졌다

자주 돌아오는 세계

나도 아니고 나의 내면도 아닌

껍질과 껍질로 부딪히다 보면
무엇이든 깨달을 수 있나요?

행성과 행성의 무게로
지겹게 사랑해도 되나요?

선을 밟고 넘어가면
모든 것이 달라진다면

이쯤에서 끝내보려는 자살적 시도

가벼운 세계가 돈다

영혼이 회복되지 않는다

*김숨, 『뿌리이야기』에서 빌려옴.

바다 새

황길엽

하늘인지 바다인지
바다 새는 하늘을 헤엄치고 있다

숨이 차오른 왜가리, 고깃배 솟대 끝에
날개 한쪽 걸어두고 날아간 짝을 기다리다
깊게 내뿜은 하얀 물거품이 그의 눈물인가

갈매기 울음이 뱃고동소리를 지우는데
생선비늘 같은 윤슬에 수평선은 경계를 뭉개고
하늘은 거꾸로 매달려 온몸으로
서서히 바다를 점령해버린다

바다를 잃은 바다 새
해안으로 밀려드는 온갖 쓰레기에 밀려
무거운 날개 내리고 발목 잡힌 괭이갈매기
수평으로 나란히 파도를 탄다

작품 해설

문명전환의 시대와 생명 시학의 출현
―무크지 〈시움〉 생명시집에 부쳐

임동확(시인)

지난 1990년 2월 14일 태양계 외곽에 도달한 우주탐사선 보이저 1호의 카메라엔 흔히 '창백한 푸른 점'으로 표현되는 지구의 모습이 찍혀 있다. 우리는 그 전송된 사진을 통해 지구가 "광대무변한 우주공간" 속에서 극히 작은 '점'에 지나지 않으며, "그럼에도" 불구하고 "특별히" 인간 "존재"로서 "행운을 누린다"는 것이 얼마나 부질없고 오만한 것인가를 깨닫게 되었다. 그러면서 당초 "선악이 없는 화려하고 장엄한 자연계가" 모두 인간의 "이익"과 "즐거움"을 위한 것이라는 생각이 "얼마나 염치없는"(박정애, 「눈[眼] 11」) 인간중심적인 착각이나 터무니없는 망상인가를 새삼 되돌아보는 계기가 되었다고 할 수 있다.

이처럼 우주 또는 우주선적 입장에서 보면 지구 위에서 살아가는 것들의 삶이 하찮고 보잘것없이 보일지 모른다. 하지만 그렇다고 해도, 지구생명의 모태는 어디까지나 우주이다. 또 그러기에 존재하는 모든 것들은 우주의 역사와 혼을 담은 소우주라는 생각은 크게 달라질 수 없다. 각기의 생명체는 크게는 우주, 작게는 지구상의 다른 존재들과 종횡으로 엮여 있는 관계 속에서 탄생한다. 그러면서 전체 속의 한 부품이 아니라 모두들 개성적이고 독립적 개체로서 독자성과 역동성을 유지하고 있는 게 가장 큰 특징이다.

　물리학적 가설에 따르면, 그런 각기의 생명체들은 원시대기의 복잡하고 독특한 조건 속에서 초기 분자합성체로 탄생했다. 아주 초보적인 수준이지만 원형질이라고 부르는 분자합성체들이 물리적이고 화학적인 복잡화 과정을 거쳐 일어났다. 그리고 분자 수준에서의 진화상 모든 생명체의 초기형태는 분자상태의 안정과 불안정 상태에 따라 생존이 결정되었다고 한다. 달리 말해, 전체로서 생명체는 자기보존과 재생을 위해 환경에 적응하고 변화하는 목적을 가진 존재다. 생명의 진화는 공진화(Coevolution)의 과정이며, 이러한 진화가 존재하지 않는다면 오늘의 생명체는 존재할 수 없다. 원시 복제자를 생명으로 보든 그렇지 않든, 그들이야말로 엄연히 모든 생명의 기원이고 "성장의 인因"(박춘석, 「눈사람」)이자 우리 인간의 조상이라고 할 수 있다,

　이규열의 시 「자기 조직화 개론 8-화석일기」는 여기에 주목

하고 있다. 일단 그는 '자기 조직화'가 생명의 기원과 성격을 결정지으며, 자기보존과 재생산을 위해 주변 환경에 적응하고 변화해온 모든 생명체들의 항상성 유지에 대한 노력을 높이 평가한다. 하지만 "세상이 바뀌어도 일상이 바뀌지 않"고 "계절이 바뀌어도 세월"이 "동요"하지 않는 현상을 본다. 특히 "세상 전체가 화석이 되어가는" 상황 속에서 부분과 부분, 부분과 전체 간의 복잡한 상호 되먹임(feedback) 과정에서 발생하는 '자기 조직화'가 일어나지 않는 사실에 실망한다. 그야말로 우리가 지금 '자기 조직화'의 최고의 구현체로서 "생명"의 "신성"성에 대한 인내와 관습이 "더 이상/ 아무 소용이 없는 세상"에 대해 깊은 절망감을 표현하고 있다.

오늘날 늙고 병든 지구의 의인화로서 "고목"의 "푸조나무"가 "여생을 몰아쉬는"(배옥주, 「연명」) 듯한 모습 또한 이와 무관하지 않다. 이는 단지 지구환경의 급격한 변화와 그로 인한 생태계 파괴에 대한 만시지탄晚時之歎만이 아니라 근대문명이 지닌 전체주의적인 합리성과 효율성에 "곁가지를 쳐내는"(최승아, 「전지剪枝」) 행위로 인해 요소와 전체 또는 부분과 전체 간의 복잡다단한 상호작용이 뚜렷할 때 발생하는 '자기 조직화'가 더 이상 불가능해졌다는 것을 의미한다. 부분과 전체가 유기적인 관계에 상관없이 개체마다 지닌 "자유로운 기운을 전지하면/ 수확이 쉽고 열매가 잘 열린다"는 근대적이고 자본주의적인 "낭설"(정진경, 「나무들의 아파트」)이 더 활발하고 폭발적인 연쇄반응으로서 생명현상의 순조로운 진행을 가로막고 있는 실정이다.

그럼에도 불구하고 우리가 살고 있는 세계는 "아름다운 길을 만든다고 아름다운 나무들을 뽑아"(김종미, 「미안하다,」) 내는 형편이다. 또한 여전히 "죽은 송아지가죽"으로 "가죽원단"(신정민, 「가죽원단」)을 만들기 위해 어린 소를 도살하는 인간의 야만이 진행 중에 있다. 그런가 하면 "해안으로 밀려드는 온갖 쓰레기에 밀려", "바다 새", "바다를 잃"(황길엽, 「바다 새」)거나 현대적 건물의 투명한 유리창이 "막 이륙하려던 새"의 "블랙홀"(장이소, 「버드 스트라이크」)이 된 지 오래다.

그래서일까. 어떤 식으로든 우리가 "몰락과 멸망의 가운데로 떨어지"고 있는 상황에서 모든 구원과 희망의 "의지를 버린 채", "더 이상 내가 할 수 있는 일은 없어…"(안효희, 「당신의 입술 끝에서」)라고 탄식하는 모습은 무리가 아니다. 세계에서 두 번째의 높이를 자랑한다는 '레만호의 분수'를 지켜보며 "늙어버린 욕망/ 구원의 길은 멀다"(서경원, 「날자! 레만호의 분수여」)고 스스로 좌절하고 절망하는 모습이 낯설지 않다. 전혀 변화나 새로움이 없이 "어제와 같은 오늘"(이경욱, 「STROY #1046」)이 지루하게 반복되는 종말론적 세계이거나 그에 대한 대안이나 "출구를 찾기 위"한 모든 "문"마다 "거미줄 뒤엉"(안민, 「백색 어둠」)켜 있는 묵시록적인 상황에 처해 있다.

기후난동으로 "마지막 겨울인 것처럼 폭설이 쏟아"지는 현실에서 더욱 그렇다. 어쩌면 우리의 눈과 "귀를 닫는다고 해결될 일이 하나도 없"는 상황에서 단지 "금식일을 늘"(김사리,「대책 없는 날」)리는 것만으로 해결난망일지 모른다. 학교 "운동장"에 "이식移植"된 "여덟 그루"의 '느티나무'가 "버텨야 할 명분을 차례로 호명하며", "대지와 내통"(김요아킴,「그 느티나무의 품」)하거나 "전쟁도 굴뚝의 연기도 일사불란 움직이는 차들도 모두 잠시 멈추"(김지숙,「테이크아웃 커피를 기다리는 동안」)기를 바라는 소망과 꿈은 거의 불가능한 낭만적인 상상력에 불과하다. 차라리 "끝나지 않은" 재앙의 "멈춤을 끝내기 위해 함께 마지막 춤"(한보경,「마지막 춤이라고 생각하셔요」)을 추거나 "이쯤에서 끝내보려는 자살적 시도"(현미,「19퍼센트의 슬픔」)를 하는 게 더 정직할지 모른다.

하지만 이러한 아포칼립스(apocalypse)의 상황과 묵시록인 세계인식 속에도 우린 비록 소박하나마 "작은 새가/ 벌레를 물고 가다가/ 큰 새를 만"나고 또 "시간이 흐르고/ 흐르면" 그 "벌레"가 이제 "큰 새의 새끼", "작은 새가 되어" 있는 생명의 "서사"(김려,「뫼비우스의 띠」)를 꿈꾼다. 그새 "아무 일 없다는 듯", "바다에서" 생명의 입자로서 "어떤 먼지"에서 "자"란 "고래가 되"어 예의 "돌핀킥"(정연홍,「살아가는 일」)을 하는 원초적이고 거룩한 시간의 복귀를 염원한다. 인간에 의한 전 지구적인 생태계 파괴 현상 속에서 "본디 달팽이였고 달팽이가 삼킨 풀잎이었고 풀잎이 간지럽히던 흙이었"(차고비,「나? 달팽이」)다는 인식과 성찰을 통해 다시 만물과의 평화를 꾀하고 공생하려는 의지를 내비치고 있다.

그 구체적인 움직임의 하나가 산업화 이전의 농촌 공동체로 이른바 "땅 파먹고 살던 세상"에 대한 향수다. 동시에 "철철이 따먹고 캐먹고 뜯어먹고 얻어먹고 나눠먹고 이따금 훔쳐", "먹"(고명자, 「겸상해요 우리」)어도 크게 흠이 되지 않는 시절에 대한 기억이다. 애써 키운 "호박"을 누가 따가도 "먹을 거 서리는 도둑이 아닌 기라 입바꿈인 기라" 하는 "엄니"(김형로, 「호박을 잃고 나는 쓰네」) 마음에 대한 그리움이다. 그리고 이는 "폭우"로 "왕벚꽃 나무가 쓰러"지고 덩달아 "겨우 봉오리가 맺힌 복숭아나무"가 "가지째 부러"(김도우, 「호우주의보」)지는 기후난동 속에서 "한마디로", "사람냄새 풍풍 풍"긴 채 "오순도순 고만고만 아옹다옹 하"며 살았던 "동네"(윤홍조, 「도회지는 나의 근거리 위성」)에 대한 회상과 심리적 연대를 통해 현재의 고난과 위기를 극복하고자 하는 시도이다.

> 어릴 적 우리 가족은 쥐가족과 한집에서 살았다
> 쥐 가족은 천장의 상부를 차지하고 있었는데
> 할머니께선 참아라 참나무야, 모두 한식구니라 어르셨다
> 그래도 우리는 작대기로 천장을 두드리며
> 간간이 지나친 층간소음을 항의했다
>
> 마당은 짐승들과의 공유지였다
> 아침저녁 참새며 산비둘기들이 깨금발 뛰기를 하다 가고
> 장끼 까투리 몰래 와서 콩꼬투리 볏단 들추며 입가심을 했다
> 한쪽에서는 암탉이 병아리 떼 모아놓고
> 흙 파기 조기교육에 열을 올렸다

그 한편 뽕나무 아래 방귀를 뽕뽕 뀌면서
우리 형제자매는 공기받기놀이에 빠져들었다

여기
짐승들과 어울리지 않고 사람들과도 섞이지 않는 들쥐
방이고 마당이고 가족마저 잃어버린 들쥐가 홀로 헤매고 있다
숨통 막힌 지 오래, 한나아 둘 한나아 둘 인공호흡기에 길 들었다
어떻게 숨을까 어디에 쟁여놓을까 와중에 타산이 바쁜 인공들쥐
십방에서 대끼놈 대끼놈 대나무 우짖는 소리 들린다
―신진, 「인공들쥐」 부분

일종의 이상화된 과거로서 "어릴 적 우리 가족"은 "할머니"를 비롯한 아버지와 어머니, 그리고 형제자매들로만 구성되지 않았다. 집안 "천정의 상부를 차지하고 있었"던 "쥐"와 같은 동물을 포함한 개념이었다. 집 앞뒤의 "마당" 역시 마찬가지다. 단지 그곳은 "우리 형제자매"들이 "공기받기놀이"를 하거나 곡식을 말리는 등의 기능을 했던 장소가 아니었다. "참새며 산비둘기", "장끼"와 "까투리", "암탉"과 "병아리" 등 "짐승들"과 가족의 "공유지"였다. 그리고 이는 단연 "쥐"를 포함한 모든 생명체들을 "한식구"로 여겼던 전통적 생명인식 또는 삶의 태도에서 비롯되었다고 할 수 있다.

하지만 졸속으로 진행된 산업화와 그로 인해 농촌공동체의 몰락으로 언제부턴가 "짐승들과 어울리지 않고 사람들과도

섞이지 않는 들쥐" 신세가 된 지 오래다. 그러면서 우리는 "방이고 마당이고 가족마저 잃어버린" 채 "홀로 헤매고 있"는 실정이다. 또한 거기에 그치지 않은 채 우리는 "심통이 막힌 지 오래"인 우리는 하나둘씩 "인공호흡기"에 의지하는 처지에 놓여 있다. 특히 그 "와중"에도 우리는 마치 "쥐"처럼 "어떻게 숨을까 어디에 쟁여놓을까" 하는 이해 "타산"에 "바쁜 인공들 쥐"의 무리로 전락하고 있는 중이다.

그렇다고 인간의 생리적 퇴행 및 왜소화, 물질문명에서 오는 인간의 내면성, 인간성의 황폐화 현상에서 니힐리즘적인 세계부정의 시들만 있는 것이 아니다. 근대를 극복하는 탈근대적 사유의 단초로서 "제비들 돌아와서 문안인사/ 다정"한 "봄"(김석주, 「봄을 위한 노래」)의 세상을 꿈꾸거나 "내가 버려둔 집에 도마뱀이 산다"(김해경, 「도마뱀이 산다」)와 같은 인간과 동물간의 모순적 공존의식을 내비친다. 혹은 "쓰레기 같은 마음들을 분리수거함으로 이체"하거나 매월 1도씩 서늘한 온도를 납입해주시면", "각시수련은 정상화"(채수옥, 「콜센터」)될 수 있다는 일견 낙관적이고 낭만적인 신념으로 표출된다. "차마", "잎보다 다섯 배 열배", "더 귀한 꽃"을 "어찌 떼랴"며 "손을 대다가도 거둬 들이"(동길산, 「텃밭」)기를 반복하는 지극한 생명의식으로 나타난다.

어찌 그뿐이랴. 마치 겉으로는 "모든 것들"이 "다정"하지만 자칫하면 그걸 "물어뜯을 기세"인 "어항"(박길숙, 「구중부화 口中孵化」) 같은 인공낙원 속에서도 "몇 가닥 남은 시름을/

꽃이었던 때로 돌려 보내"(배옥주, 「연명」)려는 생명의 움직임이 엿보인다. 또한 "재개발 정비 사업에 밀려 타지로 갔다가", "3년 만에 다시 근처 공원"에 왔지만 이번엔 "화상"을 입은 "500년 회화나무"와 그 나무와 복귀를 위해 줄기차게 "민원"(진명주, 「나무가 사는 법」)을 제기하며 인간과 세계, 나와 타자와의 적극적인 관계성 회복에 나서는 모습이 눈에 띈다. 온갖 "두려움"과 그에 대한 "방지용 약제"에도 "개구리 소리"나 "매미" 울음을 "껴안는", "녹음"과 "산"과 "강"의 "발걸음"(정안나, 「생명보험」)의 어우러짐과 거기서 오는 자연과 인간의 역동성, 개체생명과 전체생명의 관계성과 그 소통에 대한 주목으로 이어지고 있다.

> 빗방울은 이파리를 두드린다 비를 튕겨내는 잎사귀 섬세하게 젖어가는 흙과 수분을 만끽하는 생명체 그것을 바라보는 내 눈동자에 비쳐있을 풍경 보이지 않는 곳에서 숨을 쉬고 있을 씨앗들을 생각하면 이 생동감은 나의 몫 이 세계는 땅을 움직여 인간을 기른다 꽃이 피고 식물이 자라고 모든 것들의 동시적 전개를 느끼는 나를 지켜보고 있는 저 풍경은 누구인가 종일 비가 반짝인다 죽은 개를 파묻었다 꽃과 새는 가지에서 가지로 옮겨가며 논다 할머니는 죽어서 접시꽃이 되었고 삼촌은 고양이가 되었나 오래된 할아버지는 내 자식의 눈이 되어 있다 고요는 글썽인다 정원에는 마음먹고 돌아오는 것이 있다 그것이 무엇인지 모르겠다 고스란히 귀가 열리고 있다
> ―손음, 「고요 속에 파묻힌 정원」 전문

여기서 "빗방울"은 물리적 대상으로서 비가 되어 떨어지는 물방울의 하나를 의미하지 않는다. 먼저 "이파리"에 떨어진 빗방울과 그걸 "튕겨내는 잎사귀", 그리고 그로 인해 "젖어가는 흙과 수분을 만끽하는 생명체"와 "그것을 바라보는 내 눈동자" 등에 영향을 미치고 상호작용하는 일종의 활물活物이다. 그러면서 마치 특히 빗방울이 "씨앗"을 싹트게 하고 "땅을 움직여" 결국 "인간을 기"르는 것처럼 생명의 연쇄파동으로 이어진다. 달리 말해, "나"의 "생동감"은 "가지에서 가지로 옮겨"다니며 노는 "꽃과 새"를 단지 관찰자로서 지켜보는 데서 오지 않는다. 결코 "고요"하지 않은 "고요"의 움직임으로서 "할머니가 죽어서 접시꽃이 되"고 "오래된 할아버지는 내 자식의 눈이 되어 있"는 이질적이고 전도된 우주적 시간의 "동시적 전개"에서 온다.

하지만 지난 시대의 문명에 대한 반성과 성찰을 바탕으로 한 생명의 "다사"롭고 "아름다운 길" 찾기는 다른 존재와의 동시적 관계를 맺으며 서로 교감 또는 교류하는 차원에 머무르지 않는다. 오묘한 조화와 균형 속에서 순환하고 움직이는 자연과 "더불어", "나"와 함께 "가는"(최원준, 「지팡이」) 농경민적 상상력의 관점을 넘어, 최초의 육상 관다발 식물인 고생대 석탄기 초기의 "양치식물이 번성하던 시절을 꿈꾸"(이기록 「세한도-폭염의 연대기」)기로 이어진다. 또한 인간문명의 발전과 인간의 진화에 대한 "깊은 잠 깨어나" 지금으로부터 2억 5천만 년 전인 중생대 트라이아스기 후기에 처음 등장하여

6천 6백만 년 전에 멸종한 공룡의 일종인 "타르보사우르스", "세찬 파도와 함께 옛놀이터를/ 달리는"(조민호, 「압해공룡알을 위하여」) 시대로 거슬러간다. 특히 문명 이전과 이후를 보여주는 "공사장 앞 가리막"과 "뒤"의 "양쪽을 오가며 저글링하는 거대한 시차의 공"(김미령, 「구덩이」)을 통해, 되돌아가면서 앞서가는 신화적이고 회상적 사유로 나타난다.

이처럼 생명체의 원초적 기억이 담겨 있으면서 인간이 이해한 근원적 모습이 담겨 있는 신화적 사고 가운데서도 특히 여신적 존재에 대한 관심은 이와 연관되어 있다. 인간이 자연을 마음대로 지배할 수 있다고 생각하는 사회 속에서 "물릴 곳 많겠다고 온몸에 단 젖꼭지들"조차 모자라 "고픈 배 부르튼 발 뒤편까지 물려놓"은 채 "세상을 살려내는", "엄마" 또는 곡신적 여신상의 출현 속엔 "골골마다", "뒤집어 쓴 어둠을 털고" 도래하는 새로운 시대의 "새 생명"(권애숙, 「곡신谷神의 편지」)을 맞이하려는 염원이 담겨 있다. 서로 경쟁하고 적대하기보다 생산하고 나누어주는 어떤 존재 또는 "먼지로 날리는 풀 비린내, 오래된 그리움의 향기"(김점미, 「잔디 깎기」)나는 존재의 시원으로서 성스러운 모성적 세계의 추구로 나타나고 있다.

쓰레기 더미에 뒤섞여 살과 뼈를 가진 동물들의 사체가 부유하고
그것을 파먹고, 뜯어먹는 피라니아와 같은 물고기 떼와 청상아리들,

핏물이 먹구름처럼 퍼져가는 바다,

인어와 세이렌의 노래도 더 이상 들려오지 않는다.

릴리트는 바다의 여신, 그녀가 대자연의 질서를 거역하지 않는
모계母系라면 달무리를 향해 꼬리를 칠 때마다
방울지는 물방울에서 생명체 하나씩 탄생할 것이다.

릴리트, 릴리트, 부디 너의 바다로 무사히 되돌아갈 수 있기를
―정익진, 「릴리트」 부분

위 시의 생략된 부분에 따르면, '릴리트'는 먼저 영화 〈센강 아래Under Paris, 2024〉 등장하는 암컷 상어의 이름으로 부조리한 생생으로 몸의 생리가 뒤바뀐 "돌연변이"의 "일종"이다. 그리고 그런 '릴리트'가 자라 현재 파리의 센강 아래까지 숨어 들어 살고 있다. 하지만 정작 문제는 바로 그곳이 "쓰레기 더미"와 "동물들의 사체가 부유하고" 있다는 점이다. 특히 '릴리트'의 생존환경 자체가 그것들을 "파먹"거나 "뜯어먹는 피라니아"나 "청상아리" 같은 위험이 잠재하고 있는 "핏물" 가득한 "바다"와 같다는 점이다. 더 이상 어떤 구원이나 희망을 위한 "인어나 사이렌의 노래"가 "들려오지 않는" 곳이 '릴리트'가 처한 삶의 조건이다.

그럼에도 우리가 "바다의 여신", "릴리트"를 향해 "너의 바다로 무사히 되돌아갈 수 있기를" 간절하게 기원하는 것은 다른 이유 때문이 아니다. 바로 '릴리트'가 "대자연의 질서를

거역하지 않는 모계"의 대모신大母神이나 모신母神을 상징하기 때문이다. 자연과 생사를 건 남신男神 위주의 농경사회가 들어서면서 점차 그 위상이 축소되고 왜곡되었지만, 그러나 모든 "생명체"의 탄생과 죽음을 관장하면서 거기에 생명력을 부여하는 여신 중심적 사유를 통해 현대의 위기를 극복하고 우리들 의식의 변경과 혁신 가능성을 타진하고자 함이라 할 수 있다.

그럼에도 불구하고 우리가 사멸하는 순간, 거대한 우주체계는 아무런 의미도 남기지 않는다. 결국 나의 삶, 나의 생명, 나의 실존이 시의 출발점이고 종착점이다. 따라서 우리에겐 "슬픔은 둘째 문제"로 어찌됐든 "살아 있어야 세상을 볼 수 있고/ 그래야 피 냄새도 맡을 수 있다"(박윤규, 「까마귀의 피는 붉다」)는 인식의 전환이 필요하다. 비록 인류세 또는 홀로세가 "도무지 마음에 드는 장면"을 제공하지 않지만, "언제까지고 버티"(이기록, 「세한도-폭염의 연대기」)는 것이 중요하다. 우리들의 기대와 달리 "세계는 번번히 무너지지만" 한 인간의 고뇌와 환희는 어떤 우주와도 바꿀 수 없는 실존이기에 "기어코 짹"(오윤경, 「그날의 짹짹」)하는 현실 긍정의 정신 또는 세계긍정의 감성이 요구된다.

돌확 속 가시연 봉오리가 열릴 듯 말 듯 떨립니다 온 우주가 저 꽃잎만 바라보는 것 같습니다 어디서 왔는지 모를 바람이 부드럽게 뺨을 스칩니다 말갛고 투명한 시간 고요히 찻물이 끓어오르고 절 마당엔 한바탕 소나기가 지나갑니다 진하게 올라오는 흙내음을 맡으며 한동안 그대로 향기가 됩니다 갑작스레 빗줄기를 맞았을 무수한 꽃잎들 이파리들 땅속 생명들을 생각합니다 어쩐지 두근거리는 마음이 생겨납니다 아름다움은 앓은 다음 오는 걸까요 모든 아름다움이 어디에서 오는지 알 것도 같습니다 내 안에 당신 안에 모든 것 안에 살아있는 천 개의 목소리가 들려올 듯합니다 천 개의 설렘으로 다가옵니다

    먼지였다가 연잎이었다가 구렁이였을
        —원양희, 「솜털이었다가 떡갈나무였다가」 전문

여기서 "열릴 듯 말 듯 떨"리는 순간은 단순히 "돌확 속"의 "가시연 봉오리"가 피어나는 순간만이 아니다. 억제를 모르는 근대주의 또는 모더니티에 내장된 선조적이고 진보적 시간이 거의 무의미해지거나 그것들과 전혀 다른 생명의 연쇄가 나타나는 순간을 가리킨다. 일종의 생동하는 감성적 존재로서 "온 우주가 저 꽃잎만 바라보는 것"처럼 비합리적이고 예측 불가능한 "말갛고 투명한 시간"의 출현을 의미한다. 만일 그렇지 않다면, "어디에서 왔는지 모를 바람이 부드럽게 뺨을 스치"는가 하면 "고요히 찻물이 끓어오르"거나 "절 마당"에 "한바탕 소나기가 지나"가는 비동시적인 것들의 동시적인 현상의 진행은 불가능하다.

다시 말해, 한순간의 마음의 현현을 통해 진한 "흙냄새"가 "한동안 그대로 향기"가 되는 순간은 예측하거나 측정 가능한 시간이 아니다. 모든 존재자들의 존재 그 자체를 가능케 하고 생성변화를 추동하는 "땅속 생명들"을 새삼 "생각하는" 한순간이다. 그리고 바로 그 때문에 자신도 모르게 "두근거리는

마음이 생겨"나는 무시간적이고 무규정적인 시간을 나타낸다. 동시에 필시 타자와 감응 또는 융합과정에서 불가피한 갈등이나 진통 다음에 오는 진정한 "아름다움"의 근원이 더욱 뚜렷하게 보이는 어쩌면 무한히 긴 시간을 의미한다. "내 안에 당신 안에 모든 것 안에" 살아 있는 것들이 일방적이고 인과적인 생성의 관계가 아니라 "천 개의 목소리" 또는 "천 개의 설렘"으로 동시에 발현하고 서로 침투하며 "먼지였다가 연잎이었다가 구렁이였을" 모든 타자들을 자신들 속에 포함시키는 시간을 가리킨다.

하지만 세계를 명증하게 설명한 듯 보였던 근대의 이성 중심의 사고관이 과학과 기술의 정교화와 맞물리면서 일견 불투명하고 비가시적인 감성, 상상력, 몸 등을 배제하는 결과로 이어졌다. 특히 모든 존재의 바탕이 되면서 동시에 존재의 현존 속에, 각기 다른 개체의 생명과 생성과정에 참여하고 있는 '활동하는 무'(김지하) 또는 '생성하는 무'(이성희)의 세계에 대한 간과와 홀대로 나타나고 있다.

> 가풀막 묵정밭에 잊힌 지 오래
> 올 여름에도 풀벌레들이 알을 슬었습니다
> 그끄제는 들고양이가 머물다 갔습니다
> 영도 앞바다는 여전히 수만 년 신탁神託을 낳고 있습니다
> 빈자리, 하나의 환環입니다
>
> 깃든 것들과 깃들 것들로 허공은 늘 완성입니다

냉이꽃이나 냉이꽃 닮은 부처님들
굴뚝새나 굴뚝새를 닮은 예수님들
발치에서 돋는 아파트들로 온몸이 자주 가렵습니다
문득 제자리에 멈출 때 하늘이 커다래지듯
빈자리, 하나의 환幻입니다

기울어진 것과 기울어질 것들로 지평선은 늘 완성입니다

실금 많고 한쪽이 헐어 삐딱한 속을
들여다보는 햇빛, 살아있으므로 들여다보입니다
신선동 샛골목은 매일 신선神仙들을 길러냅니다
기다리지 않아도 저절로 차오른 기다림으로 조금 더 기울어집니다
빈자리, 하나의 환幻입니다

가난한 것과 가난해질 것들로 목숨은 늘 완성입니다

빈자리, 촘촘합니다
—김수우, 「배불뚝이 장독의 독송」 전문

우린 '허공'하면 하늘과 땅 사이의 텅 빈 곳 또는 일체의 모양과 빛이 없는 상태로 생각하기 쉽다. 그래서 '허공'이라는 말 뒤에는 아예 존재하지 않거나 부질없다는 의미가 붙어 있다. 하지만 더러 헛되거나 근거가 없다는 것을 연상시키는 "허공"의 하나로 "잊힌 지 오래"인 "가풀막 묵정밭"엔 "올여름에도 풀벌레들이 알을 슬"고 있다. 또 "그믐께는" 그 쓸모없이 버려진 땅에 "들고양이가 머물다" 간 적이 있다. 즉 우리의

오관五官으로서 쉽게 감지할 수 없는 "허공"은 단지 텅 비어 있거나 부재하다는 것을 의미하지 않는다. 그 "허공"이야말로 "깃든 것들과 깃들 것", "기울어진 것과 기울어질 것"으로 "늘 완성"인 무한 "지평선"을 가리킨다. 특히 "하늘이 커다래지듯"한 "하나의 환幻"으로써 그 "빈자리"는 "냉이꽃"이나 "굴뚝새" 등 만물을 품는 그 무엇이 된다. 무엇보다도 그럼으로써 우린 거기에 깃든 "냉이꽃"이나 "굴뚝새"를 가리지 않고 모든 만물이 우리가 경외해야 할 모든 개체들의 근원이자 신성한 존재로서 "부처님들"과 "예수님들"의 형상임을 깨닫게 된다.

그럼에도 불구하고 우린 '허공'으로 대변되는 보이지 않는 우주세계를 무생물이거나 아예 없는 것 치부하기 마련이다. 그리고 바로 그렇기 때문에 "영도 앞바다"와 같은 보이는 것들 속에서 "문득 제자리에 멈"춰 서면 알아차릴 수 있는 "여전히 수만 년" 동안 진행돼 온 "신탁神託"의 말을 듣지 못한다. 우리가 "매일" 대하는 평범하고 소박한 "신선동 샛골목"이 전체의식을 갖춘 이로서 "신선들을 길러"낸다는 사실을 망각하기 일쑤다.

하지만 우리들 "목숨" 또는 생명 자체가 이미 "가난한 것과 가난해질 것들"로 "늘 완성"체인 "빈자리"다. 곧 '배불뚝이 장독'의 "실금"과 "한쪽"의 "헐"거움과 "삐딱"함은 무슨 결핍이나 어긋남을 의미하지 않는다. 굳이 "기다리지 않아도 저절로 차오"르는 생명의 네트워크이자 그 "기다림으로 조금 더 기울어"지는 일체의 만물과 통하는 "빈자리"를 의미한다. 부분과 전체가 역동적이고 "촘촘"하게 상호작용하는 무궁한 삶의 근본자리가 다름 아닌 "빈자리"며, 특히 그것은 능산적 자연으로서 "하나의 환環", 모든 생명의 귀향지로서 고리를 이루고 있다고 할 수 있다.

무크지 〈시움〉 시인들이 작년 '기후시집'에 이어 올해도 '생명시집'을 묶어 내었다. 이 속엔 필시 "허기진 영혼은 무얼 먹으면 풍부해질까"(김정희, 「식사를 했나요」)란 질문이 들어 있다. 곧 이번 시집은 지구 생명 자체가 멸망의 위기를 맞고 있는 이 죽음의 시대에서 범우주적이고 전 지구의 차원에서 생명 이해를 되돌아봄으로써 우주 생명, 지구촌 생명, 그리고 개체의 실존을 모두 아우르는 새로운 담론으로서 '생명시학'을 모색하고 실천하고자 하는 집단적 움직임을 포함한다. 특히 '나'의 출발점을 살펴보는 '귀성歸省'과 새롭고 무궁한 생명의 탯자리로 돌아가는 '귀향歸鄕'을 아우르는 '귀무歸無' 운동을 통해, 인간 중심 대신 우주 생명체 전체를 재구성하고 올바르게 위치시키려는 탈형이상학적 노력이 함께하고 있다.

지금 우리에겐 인간을 비롯한 모든 생명체는 단순히 일방적인 관계가 아니라 그 관계의 결과가 다시금 원인이 되는 상호영향성 혹은 타자와의 역동적 관계성에 주목하는 생명 시학의 담론정립의 과제가 주어져 있다. 나는 그런 점에서 이번 시집이 우리 주변의 현실과 문제에서 세계와 역사, 인간과 사물, 나와 타자와의 관계를 설정하고 이를 올바르게 자리매김하는 생명 시학의 정초 작업이 되길 바란다. 훼손되지 않는 원형적인 자연에 대한 체험이 오늘날에도 유지되는 분야가 예술 가운데서도 시라고 믿고 있는 까닭이다. 더욱이 인간생명의 본질 또는 본성으로서 자기 창조성은 다름 아닌 인간과 우주에 대한 근본적 의미 이해 없이 거의 불가능할 테니까 말이다.

약력

강혜성 2018년 ≪시와사상≫ 등단. 시집 『애초에 하늘을 날던 물고기』.

고명자 2005년 ≪시와정신≫ 등단. 시집 『나무되기 연습』 외.

권애숙 1994년 ≪부산일보≫ 신춘문예, 1995년 ≪현대시≫ 등단. 시집 『첫눈이라는 아해』 외.

김도우 2020년 ≪애지≫ 등단.

김 려 2016년 ≪사이펀≫ 등단. 시집 『어떤 것은 밑이 희고 어떤 것은 밑이 붉었다』.

김미령 2005년 ≪서울신문≫ 신춘문예 등단. 시집 『파도의 새로운 양상』 『우리가 동시에 여기 있다는 소문』.

김사리 2014년 ≪시와사상≫ 등단. 시집 『파이데이』.

김석주 1986년 ≪시의 길≫ 1집과 2017년 ≪부산시조≫ 등단. 시집 『조선고추』, 『세상 그리기』 외

김수우 1995년 ≪시와시학≫ 등단. 시집 『몰락경전』, 『뿌리주의자』 외.

김수원 2021년 ≪부산일보≫ 신춘문예 등단.

김요아킴 2003년 ≪시의나라≫와 2010년 ≪문학청춘≫ 등단. 시집 『부산을 기억하는 법』 외.

김점미 2002년 ≪문학과의식≫ 등단. 시집 『한 시간 후, 세상은』, 『오늘은 눈이 내리는 저녁이야』.

김정희 2012년 ≪시에≫ 등단. 『벽이 먹어버린 사내』.

김종미 1997년 ≪현대시학≫ 등단. 시집 『새로운 취미』 외.

김지숙 2022년 ≪시와사상≫ 등단.

김해경 2004년 ≪시의나라≫ 등단. 시집 『내가 살아온 안녕들』 외.

김형로 2018년 ≪국제신문≫ 신춘문예 등단. 시집 『미륵을 묻다』, 『숨비기 그늘』 외.

동길산 1989년 ≪지평≫ 등단. 시집 『거기』 외.

류정희 1991년 ≪월간문학≫ 등단. 시집 『걷는 사람은 먼 곳이 있는 사람』 외.

박길숙 2017년 ≪문학사상≫ 등단. 시집 『아무렇게나, 쥐똥나무』.

박윤규 1993년 ≪문예사조≫ 등단. 시집 『꽃은 피다』 외.

박정애 1993년 ≪국제신문≫ 신춘문예 시 당선, 1997년 ≪경향신문≫ 신춘문예 시조 당선. 시집 『바다악사』 외.

박종훈 1993년 ≪현대문학≫ 등단.

박춘석 2002년 ≪시안≫ 등단. 시집 『장미의 은하』 외.

배옥주 2008년 ≪서정시학≫ 등단. 시집 『오후의 지퍼들』, 『The 빨강』.

서경원 2009년 ≪열린시학≫ 등단. 시집 『유리에 뜨는 달』 외.

서 유 2017년 ≪현대시학≫ 등단. 시집 『부당당 부당시』.

서화성 2001년 ≪시와사상≫ 등단. 『내 슬픔을 어디에 두고 내렸을까』, 『미인』 외.

석민재 2015년 ≪시와사상≫, 2017년 ≪세계일보≫ 등단. 시집 『엄마는 나를 또 낳았다』, 『그래, 라일락』.

손 음 1997년 ≪부산일보≫ 신춘문예와 월간 ≪현대시학≫ 등단. 시집 『누가 밤의 머릿결을 빗질하고 있나』, 『칸나의 저녁』.

신원희 2007년 ≪심상≫ 등단. 시집 『바다는 칼날을 세운다』.

신정민 2003년 ≪부산일보≫ 등단. 시집 『의자를 두고 내렸다』 외.

신 진 1974년 ≪시문학≫ 등단. 시집 『멀리뛰기』, 『석기시대』 외.

안규봉 2019년 ≪시와사상≫ 등단.

안 민 2010년 ≪불교신문≫ 신춘문예 등단. 시집 『게헨나』, 『몸 안의 슬픔이 너무 많이 사냥당했다』 외.

안효희 1999년 ≪시와사상≫ 등단. 시집 『서른여섯 가지 생각』, 『너를 사랑하는 힘』 외.

오윤경 2020년 ≪시와반시≫ 등단.

원양희 2016년 ≪시와정신≫ 등단. 시집 『사십계단, 울먹』.

윤홍조 1996년 ≪현대시학≫ 등단. 시집 『첫나들이』, 『웃음의 배후』 외.

이경욱 2013년 ≪시와사상≫ 등단.

이규열 1993년 ≪현대시학≫ 등단. 시집 『울지 않는 소년』 외.

이기록 2016년 ≪시와사상≫ 등단. 시집 『소란』.

임혜라 2015년 ≪시와사상≫ 등단. 시집 『화요일 자정에 걸을 수 있는 여자는 모두 나오세요』 외.

장이소 2021년 ≪경남신문≫ 신춘문예 등단.

전홍준 2001년 ≪자유문학≫ 등단. 시집 『흔적』 외.

정경미 2005년 ≪경인일보≫ 신춘문예 등단. 시집 『주홍글씨 속의 유령들』 외.

정선우 2015년 ≪시와사람≫ 등단. 시집 『모두의 모과들』.

정안나 2007년 ≪시와사상≫ 등단. 시집 『은신처에서 내려오는 봄』 외.

정연홍 2005년 ≪시와시학≫ 등단. 시집 『코르크왕국』 외.

정익진 1997년 ≪시와사상≫ 등단. 시집 『스캣』 외.

정진경 2000년 ≪부산일보≫ 신춘문예 등단. 시집 『사이버 페미니스트』 외.

조민호 1999년 ≪문예한국≫ 등단. 시집 『서낙동강』, 『연변시편』.

진명주 1996년 ≪문학도시≫ 등단. 시집 『흰치는 어제 돌아올까』 외.

차고비 2022년 ≪시와정신≫ 등단.

채수옥 2002년 ≪실천문학≫ 등단. 시집 『오렌지는 슬픔이 아니고』, 『덮어놓고 웃었다』 외.

최승아 2012년 ≪시와사상≫ 등단. 시집 『오프너』.

최원준 1987년 무크지 『지평』으로 작품활동. 시집 『금빛 미르나무숲』, 『北邙』 외.

최정란 2003년 ≪국제신문≫ 신춘문예 등단. 시집 『독거소녀 삐삐』, 『여우장갑』 외.

한보경 2009년 ≪불교문예≫ 등단. 시집 『거기가 여기였을 때』, 『덤, 덤』.

현 미 2022년 ≪시와반시≫ 등단.

황길엽 1991년 ≪한국시≫ 등단. 시집 『무심한 바람이 붉다』 외.

무크지 시움

편집위원 김지숙 김형로 이은주 정안나

먼지였다가 연잎이었다가 구렁이였을

1판 1쇄·2024년 8월 30일

엮은이·무크지 시움
펴낸이·서정원
펴낸곳·도서출판 전망
주 소·부산광역시 중구 해관로 55(중앙동 3가) 우편번호·48931
전 화·051-466-2006
팩 스·051-441-4445
출판 등록 제1992-000005호
ⓒ 무크지 시움 KOREA
값 10,000원

ISBN 978-89-7973-632-8
jmw441@hanmail.net

*저자와의 협의에 의해 인지를 생략합니다.
*이 책 내용의 전부 또는 일부를 재사용하려면 반드시 무크지 시움과
 도서출판 전망 양측의 동의를 받아야 합니다.

*이 책은 2024년 부산광역시, 부산문화재단 〈부산문화예술지원사업〉
 으로 지원을 받았습니다.